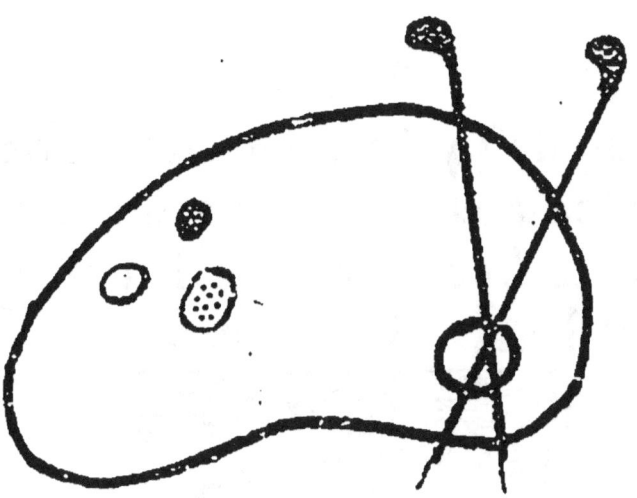

Couvertures supérieure et inférieure
en couleur

TOMBEAV DE L'ORATEVR FRANCOIS.

OV

Discours de Tyrsis, pour seruir de response à la lettre de Periandre, touchant l'Apologie pour Monsieur de Balzac. *per de vaulx.*

A PARIS,

Chez ADRIAN TAVPINART, ruë sainct Iacques, à la Sphere.

M. DC. XXVIII.

AVEC PRIVILEGE DV ROY.

A MONSEIGNEVR,
MONSEIGNEVR DE SOVRDIS, ARCHEVESQVE DE BOVRDEAVX.

MONSEIGNEVR,

Les nations qui ont pris plaisir à cultiuer les sciences & les arts ont adiousté insensiblement à leur langage, des ornemens & des graces, pour l'embellir & parer : & ceux qui ont dauantage contribué à sa perfection, ont acquis par excellence, le tiltre glorieux & honorable, d'Orateur & d'Eloquent.

EPISTRE.

C'est ceste qualité precieuse, qui fut jadis la r.compense de Demosthene & de Cic.ron, & qui donne auiourd'huy de l'emulation aux esprits de nos François. Car comme ils sont naturellement impatiens & ambitieux, ils ont à peine veu sortir nostre langue, de la barbarie des siecles passez, & paroistre auec quelque peu de douceur & de maiesté, que s'imaginans qu'elle estoit paruenuë au dernier poinct de son accroissement, ils n'ont pas craint d'aspirer à l'entiere iouïssance de ceste felicité. Les vns la cerchent dans les Chaires, les autres dans le Barreau, quelques vns dans les harangues publiques, & tous ensemble, par vne contention loüable & vtile à la Republique, disputans l'honneur du bien dire, trauaillent à nostre bien. Or pendant les soins necessaires & profitables de ces esprits genereux, il s'est esleué vn

EPISTRE.

Geant, qui par des machines estranges & incroyables, a surpris toute la Fráce. Il a tasché de rauir à ces grãds hommes, le fruict de leurs longues veilles; & sans attendre les acclamations generales & legitimes, il s'est proclamé soy-mesme, le distributeur de la gloire, & l'Orateur des François. Mais, comme si dans les jeux Olympiques, quelqu'vn eust osé prendre la Couronne, auparauant que d'auoir vaincu, il eust esté permis au moindre d'entre le peuple, de crier Au rauisseur: Ie sors du milieu de ceux qui ne pretendent point à ceste gloire, pour oster des mains de cest enfant de la terre, vn prix que la voix publique, les nations, & les siecles, n'ont donné aux anciens Grecs & Romains, qu'apres auoir combatu. Il n'aura pas si biect, Monseigneur, de m'accuser d'iniustice, puis que le remettant entre vos mains, ie luy laisse l'esperance de l'acquerir par raison. Les bonnes lettres qui reluisent en vous, ioinctes aux qualitez tres-rares, & aux lumieres tres-pures de vostre esprit, vous rendēt digne Iuge du different : & les soins que vous prenez, & qui loin des douceurs de la vie, occupent vostre ieunesse aux penibles exercices d'vne plus haute vertu ; vous tirant en quelque façon de ceux du milieu, qui peuuent iustement aspirer à cest honneur, vous laissent le pouuoir & la liberté de prononcer là-dessus vostre iugement, sans enuie, ainsi que sans interest. Et certes, ie ne pouuois faillir en mon élection, uis que ce grand Cardinal, que Dieu interuenant en sa propre cause, a choisy du milieu des siens, pour le salut de la France, vous a choisy d'entre les plus parfaicts des hommes, pour vous faire part de ses affections. La

EPISTRE.

mesme raison qui l'oblige à vous cherir, nous force à vous honorer : tant de vertus diuines & pretieuses, qu'il aime en vostre personne, seruent d'obiet agreable à nos admirations. Tous les François ont les yeux sur vostre gloire naissante, & vos actions extraordinaires vous mettẽt en telle sorte au dessus des autres hommes, que l'Enuie mesme, sera quelque iour contrainte de vous dresser des autels. Ce n'est pas aussi par les voyes du vulgaire, que l'on s'acquiert ceste haute estime qui vous tire du commun. Plusieurs peuuent, comme vous, se glorifier, auecque raison, des images de leurs ancestres. Plusieurs ont ioint heureusemẽt les faueurs & les graces de la fortune, aux biens de l'esprit & du corps. On en void plusieurs qui possedẽt par merite, les dignitez de l'Eglise.

ã iiij

EPISTRE.

Mais d'estre chargé d'honneurs & de biens, & de mespriser son repos & sa liberté, pour la querelle de Dieu, pour le seruice du Roy, & l'amour de sa patrie ; c'est, Monseigneur, ce qu'on rencontre en peu de personnes, & que l'on admire en vous. Vlysse pour l'interest de la Grece, & pour le salut des siens, prefera comme vous faites, le trauail à la volupté, & les peines aux delices. Comme Vlysse, puissiez vous remplir le monde, du bruit de vostre vertu. Que les mespris que vous faites des Circes & des Sirenes, dans vn age susceptible de passions & de charmes, soient les asseurez presages de vostre immortalité. Et face le Ciel, que cependant que de moins ambitieux contesteront pour l'honneur de l'Eloquence, i'obtienne de vous, Monseigneur, en faueur de

Epistre.

ce premier essay de mon esprit que ie donne à vostre merite, celuy de me pouuoir dire,

MONSEIGNEVR,

Vostre tres-humble, & tres-obeïssant seruiteur,

DE VAVLX.

PREFACE AV LECTEVR.

CE discours que i'auois cómencé auant le voyage du Roy, pour me diuertir d'vne fiéure qui durant huict mois à exercé ma patience, fut discontinué par les soins que ie donnay à vne affaire qui m'obligea de m'esloigner de Paris. Mon retour, & le loisir dans lequel me tient trop long-temps l'iniuste rigueur d'vne puissance ennemie, m'eussent donné le moyen de le continuer, si les lettres de Philarque ne m'en eussent osté l'enuie. L'approbation qu'elles eurent, & l'honneur qu'il en receut, me firent tomber la plume des mains. Et certes, si ie ne me fusse veu embarqué, i'eusse bien craint de me hazarder apres luy, à vn si perilleux voyage. La reputation du personnage me donnoit le desir de voir à ses lettres: & l'amour que nous auons naturellement pour les choses qui nous touchent, resistoit à ce desir. Ie ne sçauois si ie deuois continuer mon dessein, sans les auoir leuës, tant ie craignois de redire en mauuais termes, ce qu'il au-

PREFACE.

roit dit magnifiquement. Et d'ailleurs ie n'ofois les lire, d'apprehenfiõ que i'auois, que les beautez & les graces que i'y deuois rencontrer indubitablement, ne m'oftaffent la paffion que i'auois pour mon ouurage. Mon efprit doncques eftant trauerfé de ces deux foins differens, ie confultay vn de mes amis, qui m'ayant affeuré que mes pēfées eftoiēt en tout differentes à celles de Philarque, me fit perdre le defir de lire fes liures, & me laiffa le courage de paracheuer le mien. Pour l'intelligence duquel, tu remarqueras, qu'ayant entrepris d'examiner l'Apologie pour Monfieur de Balzac, i'ay fait comme ceux qui entreprennent vn long voyage. Ils parlent premieremēt de leur deffein, & puis ils font choix de certains lieux qui leur doiuent feruir de retraite, & ne laiffēt pas, en allant, de paffer par plufieurs autres, qui les arreftent quelquesfois plus long-temps que ceuxlà mefme, qu'ils auoiēt choifis pour cela. Ainfi ie parle dans la premiere partie de mon difcours, du deffein de M. de Balzac, entreprenant fa défenfe, & puis ie m'arrefte fur certains endroits que i'ay

PREFACE.

marquez, qui me seruent comme de repoſoirs, & ne laiſſe pas d'en conſiderer pluſieurs autres, que la lecture du liure preſente à mon iugement. Auec cela, il eſt neceſſaire que tu ſçaches, qu'vne de mes intentiós, eſtant de faire voir que le naturel preuaut par deſſus l'eſtude & les lettres, ie ne me ſuis ſeruy, pour prouuer mes propoſitions, que de ma raiſon naturelle. Et par ce que ie ne cognoy d'Autheurs que M. de B. ny de liures que ſon Apologie, ie n'allegue que M. de B. & ſon Apologie, pour authoriſer ma raiſon. Ce que tu trouueras en lettre Italienne, eſt abſolument à luy; & pour les autres citatiós, qui ſont marquées à coſte auecque des guimets, elles ſont en quelque façon, accommodées à mon vſage. Si tu as la curioſité de ſçauoir ſi ie luy impoſe quelque choſe, ſouuiens-toy que c'eſt ſur l'Apologie in octauo, que i'ay eſcrit.

Au reſte ie ſerois tres-mary que ce liure paſſaſt pour vn paſquil, ou pour vne mediſance: ie ne pretens pas, ny d'offenſer ceux qui ſe plaiſent au ſtyle de M. de B. ny M. de B. meſmes. Les diſcours

PREFACE.

agreables ont quelque chose des Sirenes, ils nous endorment les sens: & il est bien difficile que s'estans saisis de ces ministres de l'ame, ils ne surprennent, par la douceur de leurs paroles choisies, ce qui nous reste de raison. Et comme les Pilotes, qui laissent conduire leur vaisseau au gré du zephyre & du calme, se fians à la tranquilité d'vne mer qu'ils ne cognoissent pas ; rencontrent bien souuent quelque banc, ou quelque rocher, qui leur fait faire naufrage: Ainsi ceux qui lisent vn discours delicieux, duquel ils ne cognoissent pas le vice, se laissans emporter insensiblemēt à ses apasts, tombent en des erreurs, & des assoupissemens d'esprit, qui perdent leur iugement. Mais quoy ? ces erreurs, & ces assoupissemens d'esprit, tiennent bien souuent de ces maladies, desquelles nous ne voulons pas guerir. Les vices, quoy que cogneus generalement des hommes, ne sont pas hays de tous. Qui ne sçait qu'on ne peut aimer sans crime, la fēme de son voisin ? & neantmoins, combien voyons nous d'honnestes gens , qui boiuent le poison & les charmes de cest aimable pe-

PREFACE.

ché? Or comme le Predicateur, qui pour blasmer l'adultere en fait voir l'enormité, n'offense pas le particulier qui en aime le plaisir: descouurant aussi les defauts du langage de M. de B. ie n'ay pas creu offenser ceux qui en aiment ce qu'il a de bonne grace. Que si on trouue estrange qu'vn homme qui n'est pas cogneu pour eloquent, & qui n'a de lettres humaines, que ce qu'il en faut pour parler auecque raison, ait osé choquer la gloire de nostre siecle: qu'on considere que comme les tenans à la barriere, ne s'obligent pas seulement à s'éprouuer auec les plus forts & les plus adroits, mais encores auecque les moindres qui se presentent à eux: que de mesme, les Autheurs qui exposent au public, des opinions nouuelles, ou contestées, doiuent souffrir indifferemment, & sans murmurer, la mauuaise rencontre de tous ceux qui ne veulent pas estre de leur aduis. Que s'il m'eschappe quelquesfois, de railer M. de B. c'est le genre d'escrire qui m'y oblige, & c'est tousiours après auoir prouué mes propositions: Aussi ne sors-ie pas de son Apologie, pour en mandier les moyens.

PREFACE.

Et ceux qui voudront prendre la peine de faire la comparaison des choses qu'il a rapportées du Pape, des Cardinaux, & des Princes, en ceste partie de son liure, où il veut prouuer qu'il sçait bien railler, & que pardonnant aux autels & à la Religion, il ne sort iamais des termes de la bien-seance: Si on fait donc la comparaison des choses qu'il a dites de ces personnages d'eminente qualité, auec celles que ie dis de luy; on verra que ie me tiens, parlant d'vn homme du commun, dans les bornes de la discretion & de l'honnesteté, que son humeur par trop libre, a pour des Dieux & des Saincts, enfraintes & violées. Quoy qu'il en soit, ie ne croy pas qu'il se puisse plaindre de moy, & s'il est curieux de lire mó liure, il s'y trouuera, ie le sçay bien, aussi souuent Monsieur de Balzac, que dans son Apologie. Auecque cela, quand il prendra la peine, ou quelqu'autre plus hasté que luy, de faire voir, que ie ne suis pas eloquent, que ie ne parle pas bon François, & que ie manque aux reigles de la Grammaire; il ne dira rien que ie ne luy accorde, & dont ie ne luy sois obligé, car ses aduer-

PREFACE.

tissemens, qui pourront corriger mon style, n'authoriseront pas le sien. Ie n'escris pas, pour prouuer que ie suis l'Orateur François: i'escris seulement, pour faire voir qu'il ne l'est pas. Et des raisons qu'il pourroit apporter de mon ignorance, on ne sçauroit conclure autre chose, sinon qu'il a bien fallu que ses opinions & ses façons de parler, ayent esté esloigneés du sens commun, & des graces du bien dire, puis qu'vn ignorant en a fait cognoistre les erreurs & les defauts.

Extraict du Priuilege du Roy.

PAr grace & priuilege du Roy, Il est permis à Adrian Taupinart Marchand Libraire à Paris, d'imprimer, ou faire imprimer le Liure intitulé, *Tombeau de l'Orateur François*, composé par le sieur de Vaulx, pour le temps & espace de six ans, à compter du iour & datte des presentes: Et deffenses à tous Libraires, Imprimeurs, & autres de nostre Royaume, de l'imprimer ny vendre d'autre impression que dudit Taupinart durant ledit temps, sur peine de six cens liures d'amende & de confiscation, despens dommages & interests, comme plus à plein est porté par lesdites lettres de priuilege. Donné au Camp de la Rochelle le septiesme Octobre 1628.

Signé,
  Par le ROY en son Conseil,

      SENAULT.

TOMBEAU DE L'ORATEVR FRANÇOIS.

OV

Discours de Tyrsis, pour seruir de responce à la lettre de Periandre, touchant l'Apologie pour Monsieur de Balzac.

IE t'en scay bon gré, Amy Periandre, qui du plaisir de la chasse, & des soins de ton amour, enuoyes à moy, comme à l'Oracle, pour sçauoir des nouuelles de ta santé. Si ma douleur est la tienne, & si tu ne te portes pas

A

bien, tant que ie feray malade ; tu te peux refoudre à beaucoup foufrir. Cefte cruelle fiéure, auec laquelle tu me laiffas, la derniere fois que i'eus le bien de te voir, ne m'a quité que par fes interualles ordinaires, & ie croy quelle m'ayme fi fort, quelque mauuais vifage que ie luy face, qu'elle ne me quitera de long-téps. Celuy qui m'apporta tes lettres, me trouua pourtant dans la conuerfation d'vne meilleure côpagnie que la fienne : dequoy ie ne fus pas peu fatisfait, car i'euffe efté bien en peine à te refoudre d'vne chofe de laquelle ie n'auois pas ouy parler. La lecture que ie fis de tes lettres à ceux qui eftoient auec moy, me reüffit grandement : car apres auoir loüé la gentilleffe de ton efprit, ils fe mirent felon mon defir, fur l'Apologie pour Monsieur de Balzac, de laquelle tu me demandes raison. Celuy qui en parla le premier, dit qu'il ne l'auoit point veüe, & que c'estoit vn certain Oger, qui s'estoit amusé, ainsi qu'on luy auoit dit, apres les loüanges de B. & les iniures d'vn Moine. Mais deux personnages d'esprit & d'authorité, prenans la parole, asseureret que c'estoit le mesme B. qui estoit l'autheur de son Apologie : qu'elle portoit le nom d'Oger, mais le caractere & les vanitez de Balzac : que c'estoit luy mesme qui l'auoit presentée à Monseigneur le Cardinal de Richelieu, comme vne chose toute sienne, laquelle il tenoit à gloire d'auoüer publiquement. Ceste verité esclaircie fit naistre en l'esprit de ceux qui l'auoient mesprisée, le

A ij

desir de la voir : & moy qui ne cerchois qu'à tirer d'eux ce que tu veux sçauoir de moy, fis en sorte qu'elle fut bien-tost entre leurs mains. Elle fut leuë auec vn merueilleux silence : mais pour grandes que fussét les promesses qu'elle fit à ceux qui l'escoutoient, ils ne laisserent pas de la condamner. Leur iugement répódit aux vanitez de l'autheur, & si i'ay assez d'esprit & de memoire, ie le pourrois reduire à cecy.

1. Que Balzac, entreprenant son Apologie, s'est fait plus de tort qu'Hortensius, & F. A. n'auoiét entrepris de luy faire, qui ne songeoient qu'à luy oster la gloire de ses inuentions, cependant qu'il se priue de la qualité principale, qu'il donne à son Orateur.

Balzac. fol. 357.

2. Qu'il ne se cótéte pas d'introdui-

re des herefies en l'Eloquéce, mais aufsi qu'il en cõmet en la Religion.

Qu'il est si fort amoureux des belles fleurs, qu'il n'en craint pas les espines ; & ne luy importe pas de choquer le sens commun, & le iugement, pourueu que ce soit en beaux termes.

Que ses médisãces sont indiscrettes, & ses vanitez insupportables.

Si ie n'auois à contenter ton esprit, & à te faire voir ce qu'il peut sur le mien, ie ne t'éuoyerois pour preuue de ces veritez, que le nom de ceux qui les ont posées, ou bien l'Apologie mesme, qui les porte escrites auec des termes bien plus somptueux, & plus magnifiques, que ie ne te les sçaurois exprimer. Mais puis que tu veux que ie t'entretienne sur ceste matiere, & que c'est

A iij

vne chose veritable, que Periandre, & Tyrsis, sont deux parties qui font vn tout, il est raisonnable que celle qui est malade obeïsse à celle qui est en santé. I'obeïs donc, & toutesfois auec ceste protestatió, que tu appelleras inutile, que ie ne cerche qu'à te plaire. Ie laisse à Hortensius & à F. A. la recerche des larrecins, auec l'examé des mots, des phrases, & des figures. Aussi n'ay-ie pas beaucoup leu, & ne sçay de la Grammaire, que ce qu'il m'en faut pour lire & escrire, ny de la Rethorique, que ce que la nature m'en a appris. Que ce dieu de nostre Eloquence ne s'offense pourtant pas, si vn hóme si necessiteux, cerche le prix & la valeur des perles & des diamás, qu'il a apporez du nouueau móde. Tous les hómes estans nez raisonñables, ie puis sans le secours des arts, parler raisonnablement, & traicter, estant esclairé de la lumiere naturelle, des choses que la raison a deuancées, ou qu'elle mesme a produites. Car qui ne sçait qu'elle a veu naistre les arts? & qui me niera que ce ne soit elle qui les a esleuez dés leur enfance, & qui leur dóne encore ses accroissemés? C'est elle aussi, & non pas eux, qui fait la differéce de l'homme, & de la beste brute : voire i'oseray bien dire, que ce ne sont, ny les paroles choisies, ny les figures, ny les exordes, ny les narrations, & les autres parties de la Rhetorique, qui font le bon Orateur, mais que c'est plustost la raison, qu'il fait paroistre en l'œconomie & distribution de ces mesmes choses. Parlons donc, Periandre, assistez

A iiij

de ceste Maistresse, & voyons si sans le secours de ces figures estudiées, & fastueuses, ie te pourray mener à mon opinion.

Apres l'approbation de Dieu, il n'en est point de si glorieuse que celle que nous tirons des hommes de bien: mais il est tres-dangereux, Periandre, de les côtraindre à porter témoignage deuant nos Iuges, pour des actions contraires à la vertu. Vn certain huguenot, qui commandoit à vn regiment, au commencement de nos derniers troubles, cerchant le moyen de se rendre considerable à son party, s'imagina qu'il y reüssiroit, s'il pouuoit faire croire que les chefs de sa côpagnie gaignez par argét, auoient promis de le liurer à vn gentilhomme catholique, son voisin, & de mes amis. Ceste réuerie reuint si souuent en l'esprit de ce melancolique, qu'enfin il en fut deceu. Il ne se souuient plus de sa feinte, mais deuenu furieux il embrasse ceste image, comme vne verité, qui luy a esté reuelée par la grace du S. Esprit. Possedé de ceste passion, il fait assembler sa compagnie dans vne Eglise, & apres auoir harangué ses soldats, commáde qu'on attache son Lieutenant, son Enseigne, & l'vn de ses deux Sergens. Ces deux derniers furent exposez à la cruauté de cest homme de sang; le troisiesme, homme sage & bien aduisé, fut contraint d'aoüer la conspiration, pour sauuer son honneur, & sa vie. Ce meschant n'eut pas plustost tiré ceste confession de luy, qu'il monte à cheual, le prend en croupe, & s'en court tout eschaufé, le produire à vne certaine assemblée composée de Ministres, & de Gétilshommes de son party, esperant, par le témoinage de cest homme de bien, prouuer suffisamment la conspiration pretenduë, qui par vne merueille extraordinaire luy auoit esté reuelée, comme il disoit, par la bouche de l'Eternel.

Toute l'assemblée attendoit, auec estonnement, la relation de ce vieux Capitaine, lequel se voyant en liberté, n'accusa pas seulement cest insensé, de la cruauté qu'il auoit exercée sur deux persónes innocentes, mais encore luy reprocha la violence qu'il auoit cómise sur luy. Imagine toy, mon P. que peut deuenir cest homme peu sage, voy sa honte, considere sa confusion, & puis tu conceuras ce que deuiendra M. de B. si Socrate, qu'il a produit au commencement de son liure, se trouuant en la mesme liberté, l'accuse de pareille folie, & de mesme violence. Car, dy-moy, celuy qui pour se conseruer ce nom de Sage, aima mieux perdre la vie, que de respondre aux accusations de ses ennemis, pourra-t'il sans crier à la force, soufrir qu'on le face paroistre à la teste d'vne Apologie inutile, & pleine d'erreur? Mais auāt que se plaindre du tort que le maistre de l'Apologie luy fait, ne parlera t'il pas du mauuais traictemét qu'il donne à tout ce que l'Antiquité nous à laissé de venerable? Ne luy reprochera-t'il pas celuy qu'il se fait à soy mesme, qui cerchant à se iustifier sur certaine cóformité, qui ne pouuoit tourner qu'à sa gloire, a voulu faire cognoiſtre combien il auoit enuie de dire qu'il eſtoit le Dieu de l'Eloquence, afin qu'on ne fuſt plus en peine pour ſçauoir en quoy ſon imagination eſtoit bleſſée? Et certes, ou ce meſme Socrate, qu'il oblige à témoigner contre luy, a eſté fol de meſpriſer les accuſations d'Anitus, & Melitus, qui luy pouuoient faire perdre la vie ; ou M. de B. n'eſt pas ſage de quereller Hortenſius, & F. A. qui ſe mettent folement en peine, pour luy faire perdre vn bien qu'ils ne luy ſçauroient oſter. La reputation d'vn artiſan dépend veritablement de l'approbation que l'on donne à ſes ouurages : mais touſiours faut-il que celuy qui iuge de l'ouurage ait l'intelligence de l'art. Le Peintre ne s'en tiendra pas au iugemét du Cordonnier, ny le Cordonnier à celuy du Peintre : & pourquoy l'Orateur, qui a l'approbation des doctes, craindra-t'il de perdre sa reputation par l'opinion des ignorans? Feignons, P. qu'vn homme sage soit allé visiter l'hospital des fols; que parmy eux il y en ait vn qui croye estre iuge des actiós des hommes ; que les autres persuadez de son erreur, contraignent cest homme sage à comparoir deuant luy ; qu'il s'en trouue quelqu'vn qui l'accuse de folie; que le Iuge, apres auoir receu l'opinion de ses compagnons, le declare insensé, le condamne à l'amende, & au bannissement de leur ressort : Cest homme sage en appellera-t'il au Parlement? M.d:B. cerchant à effacer la gloire de la Grece, & de l'Italie, tombe entre les mains

B.f.6.

des ignorans ; on l'accuse, il est condamné : il en appelle deuant Monseigneur le Cardinal de Richelieu ; est il sage? Celuy qui a l'aprobation des Dieux, doit il murmurer pour n'auoir pas celles des hommes?

Mais quoy ? toute la France ne sçauoit pas qu'il estoit l'Orateur François ; la Samaritaine, & le Cheual de Bronze l'ignoroient. Il ne falloit pas qu'il abandonnast les hommes à leur propre sens, & s'il ne leur auoit dit qu'il a trouué ce que quelques-vns cerchoient deuant luy, force gens s'imagineroient que l'Eloquence ne seroit autre chose qu'vne facilité de parler mal, & que du Vair, Renoüard, & Malherbe, seroient les bons autheurs de nostre langue. Le témoignage que nous donons de nous, amy P. n'est pas celuy qui nous donne la faueur des peuples, & l'aplaudissement des Theatres. Les ouurages fõt voir la perfectiõ des arts, & donnent à ceux qui en sont les autheurs, les honneurs & les eloges qu'ils meritent. Apelles, qui s'acquit la reputation de premier Peintre de la terre, exposant ses tableaux à la veuë du peuple, se contentoit d'y metre son nom. Homere, & Virgile, n'ont acquis leur gloire, que chantant celle d'autruy. Aristote, Ciceron, & les autres, ne tiennent leurs auantages, que du respect, & de l'honneur, que nous portons à leurs ouurages. L'Autheur mesme de nostre salut, de qui les actions doiuẽt seruir de reigle aux ames Chrestiennes, lors que sainct Iean enuoya vers luy, pour sçauoir s'il

estoit celuy que Dieu auoit promis à son peuple, qui deuoit releuer la maison de Dauid, refaire la nature humaine, & ruiner l'enfer & la mort ; bien que sans vanité il s'en pûst donner la gloire, & qu'il semblast mesme necessaire qu'il le dist, il renuoya les Disciples de ceste voix du desert, au secret de ses miracles. Que M. de B. oublie donc ces vanitez, & ne commence pas par là, à nous faire voir qu'il se veut establir par des voyes qui n'ôt point esté aperceuës par ceux qui l'ont deuancé. Qu'il face vne secôde Apologie, pour desauoüer celle-cy. Que plus glorieux, il entreprenne ces grâds ouurages qui doiuent immortaliser nos Roys. Que les rédans pareils aux Dieux, il se face vn Dieu luy mesme. Qu'il contraigne par là, la France, à luy
dresser

dresser des Autels, & M. le C. de Riche-lieu à luy faire donner la recompense de cest honneste loisir.

Plusieurs ont esté reputez fols en leurs entreprises, qui n'ont pas laissé de tesmoigner de la sagesse en l'execution : voyons donc si M. de B. qui n'a pas esté fort sage en sa premiere intentiõ, paroistra plein de iugement dans les voyes qu'il suiura, cherchant la perfection, & la fin derniere de son ouurage.

Les Arts, & les Sciences, ont leurs vanitez attachées aux sujects qui tombent en leur consideration. La Medecine attribuë la conseruation, & le recouurement de la santé, à la vertu des choses naturelles. L'Astrologie ne souffriroit pas qu'on dist que quelque

B

chose se fait en ce monde elementaire, sans l'influence des Estoiles. Le pilote va au port, à la faueur des vents ; & le joüeur, quelque conduite qu'il ait dans le jeu, donne tout à la fortune : mais il ne s'est pas encore trouué vn homme qui portast le nom de Chrestien, qui ait osé dire, que celuy qui auoit presidé au sort de Ionas, qui auoit marché sur la mer irritée, arresté le Soleil, fait voir les aueugles, & resuscité les mors, eust eu besoin de compositions, d'aspects, de voiles, ou de dets pour parfaire ses ouurages, & establir ses veritez. Il n'y a que M. de B. qui a bien osé dire, non sans temerité, & sans blaspheme, que la parole de Dieu & la Foy de IESVS-CHRIST, a eu besoin des fleurs de la Rhetorique, & de la puissance de la raison humaine, pour estre creuë & persuadée.

Mais puis que les paroles sorties de la bouche de Dieu, n'ont peu establir toutes seules la verité, & qu'il a fallu que le discours humain soit venu au secours, pour persuader les incredules, &c. Pourra-t'il, sans se declarer Heretique, soustenir ceste façon de parler? Ie sçay bien qu'on vse à l'escole, de pareil terme, que Dieu ne peut faire qu'vn baston soit sans deux bouts; que Noë ne se soit sauué du deluge; que Darius n'ait esté vaincu par Alexandre, & Pompée par Cesar: mais ces negations sont posées pour des propositions bien differentes à celles de M. de B. elles ont esgard aux choses qu'il a pleu à Dieu estre faictes, ou à celles qui impliquent contradiction,

B. fol. 3. à l'Epistre

& ceux qui les posent impossibles? les posent impossibles tousiours, & ne disent pas que Dieu auec le secours de quelque puissance secóde, en puisse venir à bout. Dieu ne peut pas faire que Darius n'ait esté vaincu par Alexandre ; pourquoy ? Par ce qu'il a voulu vne fois qu'Alexandre l'ait vaincu. L'école souffre ce terme. Maisque Dieu n'eust sceu perdre Darius, sans le secours d'Alexandre ; de qu'elle majesté de paroles, que M. de B. esleue ceste sienne locution, il s'y trouuera confus. Nos Predicateurs, sur le mystere de l'Incarnatió, disent encore, que Dieu n'a peu incarner son Fils, sans le consentement de la Vierge. Ie pourrois dire aussi qu'il n'a peu chastier & perdre Pharao, sans sa desobeïssance. Toutes ces locutiós P.

font bien esloignées de la sienne, & toutesfois fussent-elles encore plus approuuées de l'Eglise, elles ne laissent pas de choquer mon sens. Ie desirerois qu'on dist plus discrettement à l'escole, que Dieu veut que les choses qui ont esté vne fois faites, demeurent tousjours faites; que celles qui impliquent contradiction ne soyent point faisables; que comme il endurcit le cœur de Pharao, pour le rendre digne de sa colere, il prepara celuy de la Vierge, pour la rendre susceptible des graces du S. Esprit. Et trouuerois bon que M. de B. apres auoir aduoüé que son esprit heroïque & releué, voulant esuiter le blasme du vol, & la seruitude de l'imitation, s'est laissé peu sagement guider à son simple genie, corrigeant ainsi le

B. 28.
"
"
"
"
"

,, commencement de son Epistre
,, dedicatoire.

Mais puis qu'il n'a pas pleu à Dieu que les paroles sorties de sa bouche ayent estably toutes seules la verité, & qu'il a voulu que le discours humain soit venu au secours, pour persuader les incredules, &c.

Dieu se sert des choses secondes, mais non pas comme vn artisan de ses outils: l'artisan ne peut pas tousjours sans eux, venir à bout de ses ouurages, mais dire que Dieu ne peut acheuer sans elles les siens, c'est l'accuser d'impuissáce. Celuy qui a dit, & les choses ont esté faites, peut par mille voyes à nous incognuës, poser vne seule verité; ses volontez ne trouuent point d'obstacles, toute parole luy est possible, & ce terme *Dieu ne peut*, ne deuroit pas seulement estre defendu aux escoles, mais retranché de la Grammaire des Chrestiens. Les Gentils qui cherchoient Dieu à tastós, en ont parlé comme ils ont peu. Ces questions problematiques, que la Sorbonne tolere, seruoyent à eschauffer leur lumiere naturelle, auec laquelle ils l'ont cogneu: mais nous, qui sans l'ayde des sens en auons l'intelligence, qui voyons tous les mysteres de nostre Religion, par la lumiere de la Foy, deuons-nous disputer de Dieu, & des choses qu'il nous a reuelées? ne deuons-nous pas croire, & parler de luy, non pas comme nous pourrions, mais comme nous deuons, saisis de respect & de crainte?

Certes P. M. de B. ne nous sçauroit mieux faire croire qu'il n'imite pas les anciens, qu'en s'esloignât ainsi dés le commencement de son liure, des maximes les plus religieuses de leurs escrits. Les plus prophanes d'entre les Gentils, qui ont chargé leurs Dieux de larrecins & de meurtres, qui ont mené leur Iupiter au bordel, & à la tauerne, ont commencé tousiours leurs ouurages, implorant leur faueur, & aduoüant leur toute-puissance. Tous ceux qui parlent, ou qui escriuent, demandent à Dieu le don de l'esprit, & de la parole. Nos Predicateurs mesmes à l'étrée de leurs predications, inuoquent le S. Esprit, par l'intercession de la Vierge. Balzac qui veut estre le createur de ses ouurages, oubliant le respect que les Anciés & les Modernes portent à Dieu, ne craint pas, tout au commencement d'vn liure qu'il donne à vn Cardinal, de dire que Dieu tient de ce mesme discours, qu'il ne veut pas tenir de luy, la plus grande de ses merueilles.

Les Poëtes, qui ont partagé le monde à diuerses puissances, ne veulent pas que Pluton entrepréne sur l'Empire de Neptune, ny Neptune sur l'Empire de Pluton; & lors que Iupiter a voulu perdre quelqu'vn sur la mer, ç'a esté à la faueur de ses orages. M. de B. qui a leu quelque chose de la folie de ces Dieux, aussi bien que dom Quichot de celle des Cheualiers de la table ronde, s'estant mis dans l'esprit, qu'il est le Dieu de l'Eloquence, a creu facilement qu'aucune autre puissance ne pouuoit persuader quelque chose aux hómes, sans le secours des paroles humaines, desquelles par droit d'apanage, il est le vray œconome, & le iuste distributeur.

Continuons à lire cesté belle Epistre, & voyons s'il acheue mieux qu'il n'a commencé. Si ie n'auois promis à Hortensius, & à F. A. de leur laisser l'examen des larrecins, & des imitatiós, ie dirois qu'il imite icy en tout, ces pauures faiseurs de vers, qui tendent la main droite pour dóner vn Sonnet, & la gauche pour receuoir la charité qui réioüit Apollon & les Muses. Ils sont les fauoris de Calliope, & il est l'instrument de la gloire, & de la loüange : comme luy ils escriuent pour l'Eternité, & comme eux il demande la recompése de cest hóneste loisir. Les loüanges deuiennent suspectes lors quelles sont mercenaires, & si la vertu vient iamais à desirer celles qu'elle a meritées, elle les veut sans condition. Où est donc icy le iugement de M. de B. qui met les siennes à prix, & semble vouloir passer vn côtract de vente, pour la durée des siecles qu'il promet dãs ses ouurages? Ne pert-il pas ainsi ce qu'il cherche? Car M. le C. qui est pl⁹ sage que luy, ne craindra-t'il pas qu'on l'accuse vn iour d'auoir achepté ses belles paroles, & de ne luy auoir fait du bien, qu'à condition qu'il le loüeroit? Il s'est trouué fort peu de flateurs, sans de pareilles enuies, & n'est pas si petit faiseur de liures, qui ne promette l'immortalité dãs ses escrits. Balzac la promet à vn homme de bien, ils se rencontrent en cela auecque luy, & il se trouuera qu'il ne se rencontre pas moins en quelque autre part, auec eux, lors qu'ils la promettent aux moins vertueux de la terre.

Quoy qu'il en soit, s'il ne couure mieux ses larrecins que só auarice, F. A. n'aura pas beaucoup de peine à les descouurir: & ie diray auec raison, qu'il n'est pas en tout, cest homme de bien, qui veut qu'on deuine de luy, & non pas qu'on le descouure.

Puis que ie me suis engagé si auant P. & qu'à la rencontre des premieres lignes de ceste Apologie, ie me trouue au milieu de mon dessein, i'en rechercheray la fin, auec ceste asseurance, que si ie n'y trouue la couronne, tu y trouueras mon obeïssance, & ta satisfaction. Mais parce qu'il nous sera plus facile de prouuer les choses que nous auons posées contre M. de B. par luy-mesme, que par aucune suffisance qui soit en nous; il me semble à propos de le suiure. "Aussi faut-il que nous mettions peine à trouuer ceste Eloquence qui est toute à luy, qu'il a composée d'vne matiere premiere, & d'vne forme nouuelle, afin que nous l'admiriós entre les inuentions de ces derniers temps, aussi bien que l'Impression, & que l'Artilierie : ou que ne la trouuant pas, nous mettions M. de B. au nombre des Heretiques de nostre siecle, aussi bien que Luther & Caluin.

B. 27.

Les plus sages d'entre les hommes, lors qu'ils ont voulu introduire des loix, ou des opinions nouuelles, soit en l'Estat, en la Philosophie, où en la Religion, ont fait quelque Dieu, autheur des choses qu'ils vouloient establir. IESVS-CHRIST mesme, qui vint pour abolir les figures, & enseigner les veritez, dóna à Dieu son Pere, qui l'auoit enuoyé, l'hóneur de la Religion qu'il a sellée & verifiée par son sang, & par ses miracles. Mais lors qu'il n'a esté question que d'aprédre aux peuples les choses qui auoiét esté desja reuelées, on s'est contenté d'apporter tesmoignage du maistre, duquel on les tenoit; comme encore vn homme qui veut enseigner la Iurisprudence, ou la Medecine, fait apparoir de ses licences. Or auiourd'huy M. de B. nous voulant introduire dans vn Art cogneu, vne opinion toute nouuelle, nous pardonnera, s'il luy plaist, si nous luy demandons de quel Dieu il tient l'intelligence de celle-cy, & sous quel maistre il a appris les maximes de celuy-là. Ie ne tiens, nous respondra-t'il, ny l'Art ny l'opinion, que de moy, i'en suis le createur & le pere; cecy aduoüeray-je seulement, qu'Isocrate, Ciceron, & les autres, qui premiers ont posé les elemens de la Rhetorique, m'en ont fait voir quelque image, mais non pas en sa perfection: car j'ay trouué par la bôté de mó Génie, ce qu'ils cherchoient auant moy, auec tant de bonne fortune, que ie puis dire, auec verité, que mon eloquence n'est obligée à la leur, que du lustre & de l'aduantage qu'elle en retire.

Les Autheurs des heresies de nostre têps, ont dit quelque chose de pareil à cecy, qu'il estoit vray qu'ils tenoient des Docteurs de l'Eglise Romaine, les premiers fondemens de la Religion, mais que pour n'auoir point entédu les secrets d'icelle, ils auoyent laissé glisser dans l'Eglise, tant d'abus & de corruption, qu'il auoit esté necessaire que Dieu les suscitast en ces derniers temps, pour les corriger, & faire de ceste premiere Religion, vne seconde toute à eux, & toute nouuelle.

Cóme i'approuueray la reformation de Caluin, bien que sans charge, & sans miracles, pourueu qu'elle soit conforme au Testament de nos Peres; ie consentiray aussi que l'eloquence de M. de B. soit toute à luy, pourueu qu'il ne se serue pas de la forme & de la matiere de ceux qui l'ont deuancé.

Entrons donc dans la lecture de ceste

cefte Apologie, cherchons cefte matiere & cefte forme, auec deffein; & examinons par occafion la force & la valeur des argumens, que M. de B. apporte pour fa iuftification.

Quand ie confidere que la fageffe de Socrate, &c. Balzac fol. 1.

Les Rhetoriciens appellét cest auant-propos, que tu peux remarquer de cefte premiere page, iufqu'à la fixiefme, l'Exorde; dans lequel ils trauaillent à preparer l'efprit de leurs auditeurs, & à gaigner leur bien-veillance. M. de B. a le mefme foin, & ie ne trouue dans cefte partie, que fes vanitez contraires à la fin où il tend.

Mais à caufe que l'approbation des Doctes eft de noftre cofté, &c. B. f. 6.

Il entre dans le narré des chofes dont on l'accufe, par vne digreffió assez ridicule. Et faut remarquer qu'il dit bien icy les causes du dehors, qui ont seruy de pretexte à son liure: mais qu'il taist la principale, ie veux dire ceste fole vanité, qui du milieu de soy-mesme, le force à se publier l'instrument de la gloire, l'honneur du siecle, & l'Orateur François. Et ie m'estonne comme quoy à des accusations si noires & si criminelles, que celles qu'il se propose de refuter; il n'ajouste encore, qu'on l'accuse d'aller trop souuét à l'Eglise, d'obseruer trop religieusement les commandemens de Dieu, les loix du Royaume, & les Edicts du Roy

2.fol.8.   *Pourmoy, i'honore l'Antiquité, &c.*

Apres auoir recité les choses qu'il veut refuter, il vient à ceste partie que les Orateurs appellent Proposition, où la raison & l'exemple nous forcent à croire que l'imitation n'est pas tant seulement loüable, mais necessaire. Pour moy, qui suis amy des bonnes choses, & qui me laisse facilement persuader à la verité, ie trouue qu'il a raison, & que F. A. a grand tort, s'il le blasme pour auoir mieux fait que ceux qui l'ont deuancé: mais il y a grande apparence qu'il ne l'accuse pas d'auoir imité les Anciens en ceste partie. Remarque icy côme ceste cause interieure que M. de B. auoit teuë en la partie du liure que nous venons de laisser, deuient expresse, & cogneuë en celle-cy; & qu'il est bien aisé à voir qu'il n'a pas tant entrepris ceste Apologie, pour conseruer sa reputation, que pour effacer celle des autres, & ba-

B. 14.

C ij

stir sur leur ruine (qu'il cherche)
vne gloire qu'il ne trouuera pas,
comme il pretend de iustifier par
plusieurs exemples. Suiuons-le
dans les preuues qu'il en donnera,
& voyons s'il confirmera ses positions de bonne grace.

§.fol.14. *Au reste, il est besoin de remarquer qu'il y a bien de la difference entre imiter & desrober les Anciens, prattiquer leur Art, & se seruir de leur ouurage, &c.*

Par ce que le larrecin est tousjours odieux, & que l'imitation és bonnes choses est loüable; il veut que les siens en portent le nom, & ne void pas qu'il apporte icy vne difference qu'il n'entend pas, ou du moins, qu'il n'a pas prattiquée. On imite son compagnon, prattiquant son art : mais on desrobe, quand on se sert de sa matiere,

L'Architecte qui entreprendroit de faire vn baſtiment pareil à celuy de Luxembourg, & qui apres en auoir pris le plan & les meſures, en prendroit encore le marbre & le pierres; quelle beauté, & quelle grace qu'il dónaſt à ſon ouurage, paſſeroit pour vn larron. Il faut donc pour prattiquer l'art ſimplement, ſe ſeruir des inſtrumens, & des maximes du meſme art; & lors que nous voudrons imiter Ciceró en quelqu'vne de ſes Oraiſons, nous ſeruir des meſmes parties, auec leſquelles il l'a compoſée; y adiouſter la grace des figures, & la force des argumens. Que ſi nous venons à l'imiter en quelqu'vne de ſes parties ſeulement, & nous voulons conſeruer la gloire de ne tenir de luy que l'exemple; il ſe faut bien prendre garde de nous seruir de ses passages, ny mesme de ses argumens : il en faut trouuer, qui ayent les mesmes beautez, & les mesmes forces ; & ne croire pas, que pour y adiouster le Païs bas, la Rochelle, Mansfel, les Huguenots, le Chastelet, la Vallée de Misere, & les autres rencontres des lieux & du temps, y apporter vn tel desguisement, que la chose change de face, & ne puisse estre descouuerte, non pas seulemét du mesme Ciceron, s'il reuenoit au monde, mais encore de F. A. Les choses pour estre subtilement enleuées, & industrieusement recelées, ne laissent pas d'estre desrobées. L'orfevre qui auroit pris à son voisin vn diamant de prix, & qui l'auroit mis en œuure auec vne telle industrie, qu'il en fust mescognoissable, ne laisseroit pas d'estre iugé par nos loix. Et M. de B. quelques specieux noms qu'il dóne à l'addresse de son esprit, ne nous sçauroit persuader qu'il ait simplement imité les autheurs aux exemples qu'il nous apportera tátost, puis qu'à trauers les desguisemens qu'il a donnez à ses passages, nous verrons l'ame & les pensées de ceux qu'il a desrobez.

Il eust esté fort necessaire que M. de B. moderant vn peu sa colere, eust consulté sa morale. Il eust appris qu'il y a certains biens qui ne sont pas à nous, desquels nous nous pouuons seruir, sans faire tort à personne, ny sans courre, mesme nous en seruant, la fortune du blasme, ou la rigueur de la loy. Chaque loy a pour fondement sa raison particuliere: le larrecin n'est defendu que pour cóseruer à chacun ce qui luy appartient : si bien que celuy ne desrobera pas, qui pourra se seruir du bien d'autruy, sans luy en oster la possession & l'vsage. Cest effronté qui se donna la gloire à Rome, d'auoir composé ce Distique, qui mit la derniere couronne au triomphe de Cesar ; pouuoir estre iugé par la loy : mais celuy qui auiourd'huy se seruant des mesmes pensées de Virgile, donneroit mesme partage à nostre Roy, ne luy ostant, ny ses vers, ny sa recompense, ne meriteroit pas d'estre appellé voleur aussi. Nous n'ostons pas la gloire à vn autheur, lors que nous nous seruons de son ouurage ; nous diminuons la nostre seulemét. Pourquoy donc appellerions-nous larron celuy qui n'oste rien à autruy? & pourquoy blasmable celuy qui se fait des couronnes d'vn blé qui n'est pas defendu ? Non, M. de B. ne le sera pas de moy, & si i'auois à le loüer, ce seroit en ceste partie. Car comme ie ne trouue point estrange qu'vn suiuant s'accommode des habits du vieux temps, & d'vne pere de chausses à la guise de son maistre, s'en face vne à la mode pour luy; ie ne trouueray pas mauuais aussi qu'il se serue des conceptions des Anciens, & qu'il nous face admirer dans la douceur & la grace de nostre siecle, ce qu'ils ont fait voir au leur, de beau & de majestueux. Seulement estimay-je de mauuaise grace, qu'apres en auoir loüé l'art, & trouué si heureusement l'vsage, il le blasme en ses maistres, & n'ait pas hôte de les liurer entre les mains d'vne

Fol. 13.
Fol. 14.

Chambre de Iustice, pour leur faire le procés.

Tu me demanderas, sans doute, pourquoy luy qui prend à iniure dequoy F. A. l'accuse d'auoir imité les Anciens, deuient iniurieux luy-mesme; & pour couurir son crime, descouure celuy d'autruy auec tát de mespris, que plus il nous persuadera que F. A. a eu tort, & plus nous serons persuadez qu'il est dans son tort luy-mesme. Attends vn peu Per. il consulte sa vanité, pour t'en dire la raison.

Or i'ay allegué ceste longue chaisne d'autheurs, non point pour iustifier M. de B. en communiquant son crime auec tant de gens de bien; il n'a point besoin de ceste excuse, & qui accusera vn homme si scrupuleux, qu'à peine receuroit-il de presens, peut encore accuser les Pythagoriciēs d'Ho-

fol. 25.

l'Orateur François. 43

micide, eux qui faisoient conscience de tuer mesme les bestes, & qui eussent mieux aymé mourir, que de conseruer leur vie, par la mort du moindre des animaux. I'ay donc fait seulement ceste grande liste, pour monstrer la grande difference qu'il y a entre les autres, & luy, & faire voir que si ceux que ie viens de nommer, n'ōt pas laissé d'acquerir de la louāge, d'auoir sceu se seruir si à propos d'vn bien mal acquis, & se l'approprier auec tant d'artifice, qu'elle doit estre la gloire de M. de B. qui n'est redeuable de ces admirables inuentiōs, qui reluisent en chaque periode de ses escrits, à personne qu'à soy mesme. Car, certes, l'on peut dire auec verité, qu'il n'y a point d'homme qui se puisse vanter à plus iuste tiltre que luy, d'estre le pere, & par maniere de dire, le createur de ses ouurages. Car comme la creation se fait du neant à quelque chose, il s'est escarté le plus souuent, & presque ordinairemēt, du chemin battu des Anciens. pour aller chercher vne matiere premiere, & vne forme nouuelle, auec lesquelles il a composé ceste Eloquēce, qui est toute à luy, & qui peut estre admirée entre les inuentions de ces derniers tēps, aussi bien que l'Impression, & que l'Artillerie.

Or i'ay mis icy au long les raisons de M. de B. non point aussi pour te faire voir ses vanitez : ie n'ay point besoin de cest artifice, elles reluisent esgalement en chaque periode de ses escrits, auec tāt d'esclat & de lumiere, qu'elles y effacent les autres clairtez de l'esprit. I'ay donc posé ce long embarras, afin que les mesmes argumēs, dōt il se sert pour nous prou-

l'Orateur François.

uer qu'il a deuancé tât d'autheurs, me feruent encore à te prouuer qu'il nous le veut faire accroire. Remarque donc le foin qu'il préd à nous faire voir leurs defauts, & la difference qu'il met entre leur foiblesse, & sa force: & tu diras auec moy, qu'il n'est pas difficile à cognoistre qu'Hortensieus, & F. A. n'ont seruy que de pretexte à la maladie de son esprit. Aussi feroit-il inutile, à qui n'auroit qu'à se iustifier d'vn vol, ou d'vn attētat, de faire le denombremét de ceux qui font entrez dans le Chastelet, ou qui ont esté conduits en Greue. Faire voir que nos compagnons font tombez en defaut, c'est prouuer que nous y pouuons tomber nous-mesme.

Ce font donc icy, P. les premiers fondemens, sur lesquels l'Orateur

François se fera voir plus grand, & plus gros, que le cheual de Bronze, couronné de lauriers & de fleurs, riche des despoüilles de ces esprits mediocres, qui verront le sien heroïque, & releué au dessus d'eux, ainsi que les petites plantes, les hauts cedres du Liban.

Or comme la principale intention de M. de B. est de persuader qu'il est plus eloquent que les Anciens; il met peine aussi (comme il faut remarquer) à le prouuer en chaque partie de sō liure, ne traittāt des choses qu'il s'est proposées pour subject de sa colere, qu'entant qu'elles seruent à ce principal dessein.

Fol. 27 *Il est vray qu'il n'y a que deux voyes pour les esprits mediocres.*

Apres auoir accusé les plus honnestes hommes du monde, de larrecin, & de vol, & fait voir qu'ils n'ont acquis leur gloire, qu'auec le crime, il nous veut apprédre par quelle voye il peut, sans voler ou desrober, s'esleuer au dessus d'eux, & surmonter leur exemple. Mais par ce qu'il est bien difficile que F. A. ne le descouure, il dit qu'il est bié difficile aussi d'aborder vn lieu " frequenté, sans se rencontrer en la " route de quelqu'vn, & qu'il n'est " pas impossible que deux diuerses " personnes qui discourent sur vne " mesme matiere, enfantent deux conceptions toutes semblables, sans les prendre l'vn de l'autre : Et vient ainsi à refuter les accusatiós de F. A. estant bien vray-semblable, s'il peut prouuer que les choses qu'il dit sont à luy, qu'il ne les a point desrobées. Ie ne sçay d'où il a pris les raisós qu'il apporte pour

B. 29.

ce suject, elles sont assez belles; mais elles ne font rié pour ce qu'il a à verifier : car il s'agit icy d'vne question de fait, où les coniectures, & les vray-semblances sont inutiles. Celuy qui pour prouuer qu'il n'vsurpe pas les terres de son voisin, allegueroit qu'il n'est pas difficile d'auoir du bien iustement acquis, que son frere possede vne terre qu'il a acheptée de ses propres deniers, & qu'il peut ioüir du bien que son voisin luy demande, auec aussi bon tiltre que luy ; ne diroit rien de concluant, non plus que celuy, qui pour se défendre d'auoir desrobé le cheual de son compagnon, diroit qu'il n'est pas difficile de voir deux bestes qui se ressemblent.

Ie sçay bien qu'il y a quelques semences de verité, & quelques
raisons

raisons vniuerselles, & qu'vn excellent esprit se promenant dans ces beaux ouurages qui rauissent les ames hors d'elles-mesmes, peut auoir des pensées pareilles à celles de ces grands hommes, qui les ont faits, voire mesme aller au de-là, & trouuer la verité, du subject duquel ils n'auoient trouué que la vray-semblance. Nos ames, comme disent quelques Philosophes, ont esté vne fois toutes parfaites, elles ont veu en Dieu, les images de toutes choses, mais plus parfaictement les sciences, comme celles qui nous approchent plus de luy. Elles sont venuës en ce monde, riches de ces semences eternelles, qu'aucuns appellent en nous, souuenances. Et c'est pourquoy il arriue à celuy qui lit la mesme chose, qu'à celuy qui oit faire la

D

description d'vne bataille, à laquelle il s'est trouué, aussi bien que celuy qui en fait le recit. Car à ce que cestuy-cy dit de veritable, il adiouste beaucoup de veritez, dissimulant, ou niant discretemét les choses qu'il oit dire contre la verité de l'Histoire. Ainsi Aristote oyant Platon, a dit beaucoup de choses que Platon n'auoit pas dites, & ceux qui ont escrit apres Aristote, le voulant interpreter, nous ont encore dit des merueilles, qui n'estoient iamais tombées dans l'esprit du mesme Aristote. Mais comme celuy qui donne le mouuement à vn bout de corde tenduë, est cause du mouuement vniuersel qui se fait en toute la corde : Ainsi sommes-nous obligez à ceux, lesquels ont commencé de faire voir ces lumieres eternelles de toutes les penſées, dans leſquelles nous les ſuiuons, ou nous les auons deuancez. Car bien que nos ames puiſſent naturellement mettre au dehors, les fruits de ces ſemences diuines; il leur arriue dans ce confus deſordre de la vie humaine, la meſme choſe qu'à nos yeux, ils peuuent touſiours voir, bien que touſiours ils ne voyent pas, l'obſcurité leur nuit: ainſi à elles, les paſſions, la foibleſſe, & la peſanteur du corps. Et côme nous ſerions obligez à celuy qui nous apporteroit de la chandelle, pour nous tirer la nuit d'vn mauuais pas : nous ſommes redeuables à ceux qui premierement ont mis au iour les principes des ſciences & des arts, deſquels nous cherchons l'excelléce. Aduoüons donc, ſi nous trouuons quelque

D ij

chose de nouueau dans la Philosophie, que nous en sommes obligez à Aristote, ou à Platon; & sans faire les vains, de nostre bien-dire, tenós d'Isocrate, ou de Ciceron, les fleurs de nostre Eloquence. Ie ne nie pas que nous ne puissions dire quelque chose qu'ils n'ont pas dite, voire mesme que nous ne puissions redire les choses qu'ils ont dites, sans les auoir empruntées de leurs escrits: mais ie dis qu'ils ont meu & esclaire nostre esprit, pour dire, & pour trouuer ces mesmes choses. Que ceste declaration, Per-
,, ne face pas tomber la plume des
,, mains, à toute la posterité. Les Pi-
Fol.38. lotes les plus experimentez n'ont
,, pas hóte d'aller au port, à la faueur
,, du phare, qui leur esclaire. La raison & la loy, qui veut que le pauure & le riche iouïsse de la lumie-

re & du iour, veut encore que le particulier se serue du bien qui fut donné à tous. Que M. de B. se rasseure donc, il ne sera non-plus apapellé en Iustice, pour s'estre seruy de la lumiere des Anciens, à la queste des perles & des diamans qu'il a apportez du nouueau móde, que si n'ayant point de flambeau, il se códuisoit dás sa chábre, à la faueur des láternes des carrefours de Paris. *Fol. 189.*

Et voyons maintenant, si M. de B. reüssit, lors qu'il traitte des matieres, qui ayans passé par vne infinité de mains, ont receu vn si grand nombre de formes, qu'il semble auiourd'huy qu'il n'y en ait plus de nouuelle à leur donner, & que toutes les idées sont espuisées. La description qu'il fait, de la maison dont il porte le nom, ne doit pas estre regardée à la haste, &c. *Fol. 59.*

D iij

Il y apparence qu'il produit icy ceſt eſſay de ſon eſprit, pluſtoſt pour fauoriſer ſa vanité, que pour deſſein qu'il ait de s'en ſeruir contre les reproches du Moine. Car qui ne void combien ſon antitheſe a peu de force? M. de B. trauerſant vn bois grandement battu, s'eſt fait vne route nouuelle: Dōc il n'a pas paſſé par celles qui eſtoiét cogneuës és lieux les moins frequentez. La conſequence n'en eſt pas bonne, & l'antecedent eſt à verifier. Mais puis qu'il veut que nous nous diſpenſions de lire l'Epigramme de Martial, diſpenſons-nous encore Per. de luy demander pourquoy il ne nous fait pas voir icy, auſſi bien que beaucoup d'autres choſes moins neceſſaires, ceſte production miraculeuſe de ſon eſprit. Ie voy bien, s'il n'euſt ou-

Fol. 46.

blié d'embellir les galeries de ceste pompeuse maison, de tableaux, où le soin d'Apelles, & de Michel Ange, eust fait voir l'Histoire glorieuse du Maistre de la fortune ; il n'auroit pas oublié à nous la faire voir aussi. Quoy qu'il en soit, ie ne te puis pas dire ce qu'elle contiét, ie ne leu iamais de luy, que son Apologie : mais ie te diray bien, qu'il n'est pas difficile d'adiouster aux descriptions des maisons, ce qu'ó peut auoir adiousté aux maisons mesmes. Tant de joliuetez, que l'art adjoustent à l'art tous les iours, nous rendent les lieux mescognoissables. Le moindre Architecte du monde, adioustant aux vieilles masures de Bicestre, le marbre, les galeries, les cabinets, les peintures, les iardins, les allées, les parterres, les bois, les fontaines, & les autres delices de Fontaine-bleau, des Tuileries, de Luxébourg, & de S. Germain, pourra edifier vn Palais, qui ne sera, ny S. Germain, ny Luxembourg, ny les Tuileries, ny Fontaine-bleau, ny Bicestre. Et M. de B. adioustant aux choses que les Anciens ont dit de rare, ce que les modernes ont dit de voluptueux, n'aura pas peine aussi à nous faire voir sur les vieilles pensées du *Tusculanum*, ou *villa Fausti*, la description d'vne maison, qui ne sera ny de Ronsard, ny de Bartas, ny de des Portes, ny de Theophile, ny de Pline, ny de Martial, ny de luy-mesme. Les choses ne se disent pas d'vn seulement, qui sont à beaucoup ensemble. On ne pouuoit pas dire que le pénage de la corneille d'Esope, fust à la Pie, où au Rossignol; & les autres oyseaux ayans repris la plume qu'ils luy auoient prestée, firent bien voir qu'il n'estoit pas à elle-mesme.

Mais ce n'est pas la raison que Fol. 47. *l'on s'arreste à vne simple cōiecture, examinons l'inuentaire de ces pretendus larrecins, &c.*

C'est icy le dernier argument, que M. de B. apporte contre F. A. mais auant que d'en chercher la valeur, reuenons à nous, P. on ne Fol.165. laisse pas de se perdre dans ces païs pleins de clochers, & nous auons esté assez auāt, ce me semble, pour descouurir ceste forme nouuelle, ou pour prouuer, ne la trouuant pas, la premiere partie de nostre seconde position. Sçachons pour cest effet, que l'Eloquence est vne grace & facilité de bien dire, qui paroist principalement en l'Oraison; & la forme, ce qui donne l'estre à la chose, & en met la differēce. Ainsi l'ame raisonnable, qui fait que Pierre est hóme, fait aussi qu'il differe des autres animaux. Et les parties de l'Oraison, qui font qu'elle est ainsi dite, la distinguent de toute autre sorte de discours. Si bien qu'il faut que celuy qui veut que nous trouuiós vne forme nouuelle à son Eloquence, luy donne quelque chose qui n'ait point esté encore trouuée, qui face qu'elle soit, & qui la distingue des autres.

Et comme l'Eloquence d'vn Orateur paroist en l'Oraison, & que nous appellons celuy-là Eloquent, qui compose vne Oraison, auec toutes ses perfections & ses graces : nous pouuons aussi dire, l'Orateur donner vne forme nouuelle à l'Eloquence, qui la donne à l'Oraison ; & au côtraire, le mesme n'apporter rien de nouueau en l'Eloquence, qui n'en apporte à l'Oraison. Ces choses posées, voyons quelle est la forme que M. de B. donne à la sienne, afin si elle est nouuelle, que nous l'admiriós en son Eloquence, ou si elle n'est que la mesme que Socrate & Ciceron ont donnée à la leur, que nous puissions tirer vne consequéce auantageuse pour nostre proposition. Mais qui sera celuy qui osera dire qu'il ait composé son discours, auec des parties différétes à celle qui formerent autresfois ceux de ces grands Orateurs, puisque les mesmes exordes, les mesmes narratiós, les mesmes propositions & confirmations, qui donnoient l'ame à leurs Oraisons, font encore subsister les siennes? Ie n'ay qu'à rappeller ta memoire, pour te persuader ceste verité, nous auons desia parcouru toutes ces mesmes parties, & ie m'asseure qu'il continuë & finit ceste belle & miraculeuse Apologie, auec le mesme ordre qu'il l'a commencée.

Reste à parler de la matiere, qui n'est pas moins nouuelle que la forme, puis qu'elle est tirée du neant. La matiere aux Arts, est ce corps qui entre en la composition de l'ouurage. Et celuy-là compose les siens d'vne matiere differente à celle d'vn autre, qui ne se sert pas d'vn corps de mesme nature que luy. Ainsi le masson qui se sert de la pierre, forme son ouurage d'vne matiere differente à celle du charpentier, qui met en œuure le bois. Au contraire celuy-là se sert de mesme matiere qu'vn autre, qui met en œuure vn corps de mesme espece que luy. Ce qu'il fait en deux façons. Premierement quãd il trauaille de bonne foy en pareille matiere, comme le mareschal & le serrurier, qui se seruent esgalement du fer. Secondement quand il ne se sert pas simplement de pareille matiere à celle de son compagnon, mais encore de celle qui fut au compagnõ mesme. Ce que feroit le masson qui abbatroit la muraille de son voisin, pour en esleuer la sienne. Ie n'accuseray pas M. de B. de se seruir en la cõposiitiõ de ses ouurages, de la matiere des Anciens, en ceste seconde façon, F. A. s'en desmeslera mieux que moy : mais il ne me niera pas aussi, qu'il ne s'en serue en la premiere, puisque les lettres, les syllables & les mots, qui font nos phrases, acheuent nos periodes, & forment nos Oraisons, sont la matiere, auec laquelle les Anciens ont fait tant de beaux ouurages, & auec laquelle il façonne les siens aussi.

Ie ne nie pourtant pas, que dans l'ordre & l'œconomie de ces mesmes choses, on ne puisse trouuer quelque grace qui n'est pas donnée à tous. Apelles qui animoit ses tableaux, de ceste Venus, que M. de B. veut que nous trouuions dans ses ouurages, se seruoit de mesmes couleurs, & de mesmes maximes, que les moindres peintres de son temps. Et Ciceron auec les mesmes paroles, & les mesmes parties, que les autres faisoiét oüir leurs Oraisons, a fait adorer les siénes. Ie ne nie donc pas, qu'on ne puisse trouuer ceste grace, mais ie dis qu'il se faut bien garder de dire que ceste mesme grace soit ceste forme, qui fait que les choses sont. Autre chose est la beauté interieure, ou exterieure, de M. de B. qui le distingue d'auec les autres hommes; & autre chose, ce qu'il a de propre auec eux, qui le separe d'auec les autres animaux. Autre chose est aussi la douceur & la force, que Ciceron a de particulier en son Oraison; & autre chose les mots, & les parties, qui la composent, qu'il a de commun auec les autres Orateurs. Et comme la nature qui trauaille tous les iours à la perfection des animaux, ne sçauroit produire le moindre d'eux, sans le faire & l'animer de ceste matiere, & de ceste forme, qui luy est propre. M. de B. ne sçauroit aussi faire voir vne Oraison, sans la composer des voix & des parties, qui font qu'elle est ainsi dite. Que si celle-là ne produit que des monstres, lors qu'elle se destourne de la loy qui luy a esté prescrite par la prouidence de Dieu; asseurons-nous, P. qu'il ne nous fera voir que des extrauagances, lors qu'il s'esloignera de celle qui a esté ordonnée par la sagesse des hommes.

Toutes ces choses posées, admirerons-nous l'Eloquence de M. de B. entre les merueilles du siecle? ou le mettrons-nous au nombre des Heretiques du temps? Ne craignons point, Per. si les opinions de Luther, & de Caluin ont esté reputées comme des heresies en l'Eglise, pour n'auoir esté sou-
stenuës

stenuës par l'Euangile; disons hardiment que celles de M. de B. le sont en l'Eloquence, puis qu'elles n'ont point de fondement en la raison.

L'Autheur de la conformité de l'Eloquence de M. de B. l'accuse d'auoir pris beaucoup de choses des œuures de Petrarque, &c. B. 48.

Auant que venir à nostre troisiesme proposition, examinons vn peu cest argument, que M. de B. apporte le dernier contre F. A. côme le plus fort. Pour cest effet il faut considerer que lors qu'il est questió de verifier plusieurs choses de mesme nature, c'est de la coustume & de l'art du bon Orateur, de commencer par les premieres, ou par les moindres, & de finir aux dernieres, ou aux plus grandes. Que si la recherche si curieufe, en eft trop longue, ou inutile, il fe contéte de verifier celles, qui pour eftre plus difficiles à faire, ou à perfuader, ont befoin de plus de preuue, ou de plus de difcours. Sa raifon eft, qu'a pareilles rencontres, la confequence du plus au moins eft valable, & celle du moins au plus ne l'eft pas. Ainfi s'il arriuoit que M. de B. accufaft F. A. d'ignorance, qu'il luy reprochaft de n'auoir veu fa Grammaire, fait fes humanitez, & fon cours en Philofophie ; Il diroit affez, s'il produifoit fes licences. Ou au contraire, M. de B. ne fatisfera pas F. A. fi l'accufant d'auoir defrobé à diuers Autheurs diuers paffages, il ne fe iuftifie que de ceux defquels il n'a pris que la penfée, fe taifant artificieufement à la rencontre de ceux, qui pour eftre exprimez auec les mesmes paroles, portent les liures du maistre, & la condamnation de celuy qui les a desrobez.

Ces choses considerées, voyons si M. de B. en l'examen des accusatiós de F.A. suit cest ordre, s'il examine la premiere, & puis celle qui la suit, ou bien si comme vn excellent Orateur, suiuant les preceptes de son art, il commence par les moins criminelles, pour s'acheminer à celles qui le sont le plus, ou si pour ne lasser ses auditeurs, & ne raualler son style, il se contente de se iustifier des larrecins les plus apparens, pour en tirer vne consequence à la destruction de ceux qui ne le sont pas. Nous n'aurons pas beaucoup de peine, P. à nous esclaircir sur ce subject, puisque le mesme B. nous donnant au pied

E ij

de son Apologie, ceste conformité qui le trauaille, nous met en main les pieces de sa cõdamnatiõ. Il ne faut que la lire, pour voir qu'il n'a suiuy en son examen, ny l'ordre de la nature, ny celuy de l'art; il n'a cherché qu'à surprendre les simples: aussi dit-il encore pour eux: *Il a fallu que i'aye vsé de mille stratagemes, pour auoir deux heures en ma puissance, ceste excellẽte conformité; & on ne me l'a iamais voulu laisser, qu'auec serment que ie n'en ferois point tirer de copie.* Voulant que nous inferions de là, que c'est sa memoire, & nõ pas le choix, qui l'a mis dãs l'examen de ces choses desrobées. Mais ie luy demande comme quoy c'est qu'il conserue 30. passages, qu'il no⁹ fait icy voir dans ce peu de temps. Il ne nous a pas encore dit parmy ses autres va-

Fol. 82.

nitez, qu'il ait la memoire si heureuse : & quand il l'auroit à ce poinct, il eust plustost retenu par ordre, ceux qui sont au commencement, comme les premiers venus à sa cognoissance, ou ceux qui sont à la fin, comme les derniers qui occuperent ses sens, que ceux qui pour estre pris sans ordre, estás en si grand nombre, ne peuuent estre conseruez par aucune force naturelle. Peut estre s'est-il feruy de ceste memoire artificielle, qui fit admirer le Cardinal du Perron, au plus grãd Roy de la terre. C'est art imite encore la nature, & suit l'ordre qu'il trouue en la disposition de ses images ; & M. de B. qui le condamne, ne s'en sert pas. Et ie m'asseure que ceux qui sçauent que c'est que de retenir les choses qu'on lit, ou qu'on oït reciter, soit par nature ou par art, diront auec moy, qu'il luy auroit esté plus facile dans ce peu de temps, de se conseruer la conformité entiere, que d'en obseruer sans aucun ordre, trente passages, auec les mesmes paroles, & les mesmes citatiós. Que s'il l'a peu, il faut que ce soit le ressentiment de l'injure, qui luy en ait donné la force : estant tresveritable que ceste passion se saisit de nous, auec vne grande facilité, & qu'elle ne s'y conserue pas auec peu de tyrannie. Mais si c'est elle qui luy ait donné & conserué ses images, il y a apparence qu'elle aura presenté à son entendement, les outrages les plus sensibles, cóme ceux qui pour auoir auec plus de violence, choqué les sens, se feront imprimez plus auant en elle. Que si les reproches, qui plus ou uertement, & auec plus d'apparéce, & de verité, s'en prennent à l'honneur, & à la reputation, nous font les plus grãds, & les plus senfibles, dirons-nous que ce foit l'injure, qui ait conferué dans la memoire de M. de B. les paſſages qu'il examine, puiſque c'eſt de tous ceux qui font la cõformité de ſon Eloquence, ceux qui l'offenſent le moins?

Non Per. il vaut mieux ne croire pas M. de B. que de démentir ceſte ame de l'Vniuers, qui a preſcrit & donné certain ordre, & certaine loy, aux choſes naturelles, que par vne neceſſité cogneuë, elles ſuiuent, & n'enfraignent pas. Diſons donc, puis qu'il n'a peu ſe conſeruer ces paſſages, par aucune ſorte de memoire, qu'il les tiẽt du choix qu'il en a fait; & qu'ayãt

E iiij

entre ses mains la conformité entiere, il en deuoit examiner tous les reproches, ou du moins les pl’ precis, ie veux dire ceux qu'il a teus. La consequence qu'il eust tirée de ceux-là, luy eust esté plus auantageuse, que celle qu'il veut tirer de ceux-cy. Car qui ne void combien il auroit trauaillé puissamment pour sa iustification, s'il eust apporté ses preuues sur ces passages?

3. *Les ennemis de l'Estat n'ont pas esté iusques icy, si considerables par leurs propres forces, que par l'opinion que nous en auons conceuë.*

Curt. 14. *Adhuc nostro pauore, ac opinione, quàm sua virtute fortiores feliciorésque.*

3. *C'est seulement de gens sages, & capables de gouuerner l'Estat, que la sterilité est grande.*

Barcl. *Hominum sagacium, & com-*
in arge.

*modorum rebus humanis, maior est
annona.*

Ie croy bien que celle que vous me voulez donner est belle, attendez vn peu, elle ne le sera plus.   B.

Formosa est, paululùm expecta, iam & non erit.   Apuleius.

Et quand vous seriez aueugle, n'est il pas vray que la nuit a ses plaisirs ?   B.

Habet & nox voluptates suas.   Sen. de remed. vt for.

Ie sçay qu'à Rome, l'oysiueté est iour & nuit occupée.   B.

Diu noctúque est occupatum eorum otium.   Sen.

Il vaut mieux soufrir l'iniustice, que de la faire.   B.

Accipere, quàm facere, præstat iniuriam.   Cicero.

Monsieur, vous m'auez pris ce que ie vous voulois dire.   B.

Omnia quæ dicturus erā occupasti.   Sen.

J'ay vne telle aduersion au Latin, que i'en fais comme des medecines, j'en prens le moins que ie puis: aussi pour ne me laisser surprendre à vne langue ennemie, ie n'ay mis icy que les passages les plus courts; tu peux lire les autres, puis qu'ils sont en ton pouuoir, & faire de ceux-cy, le iugement qu'il te plaira: mais pour moy ie serois tres-marry de donner à l'application que M. de B. leur donne, le nom de larrecin, ou de vol. F. A. a grand tort icy, les traductions toutes pures n'ont pas encore esté mises au nombre des crimes, & M. de B. peut quand il luy plaira, s'en plaindre en Iustice, auecque raison.

Fol. 67.   *Au reste, citant les Anciens &*
M. de B. sur vne mesme matiere, il
ne s'est pas auisé du bon office qu'il

luy rendoit, &c.

Ie ne puis que ie n'aduouë auec-que luy, que deux perſonnes eſloignées de deux cens lieuës, ont fait meſme ſonge en vne meſme nuit, puiſque ſa fantaiſie eſgarée dans les tenebres de ſa bile, n'a pas laiſſé de tenir le meſme chemin, & s'eſt rencontrée en vne meſme viſion dans Paris, auec celle d'vn gendarme Gaſcon dans nos armées. M. le Comte de Carmail, en la compoſition duquel, Dieu prit plaiſir de marier la haute ſageſſe, auec la veritable vaillance, eſtant Mareſchal de Camp dans les armées du Roy, fit rencontre des ennemis, & comme c'eſt ſa couſtume de ne perdre pas l'occaſion, il les chargea. Le combat fut vn peu chaud, & le camarade de noſtre Gaſcon y reſta mort dās la meſlée. Le iour

Fol. 32.

d'apres, le Capitaine du mort fut prié par ceux à qui il deuoit, de mettre son equipage à prix, afin qu'ils en fussent payez: si bien que le Capitaine commáda au Mareschal des logis, de s'en saisir: mais vn cheual d'Espagne ne se trouuát pas, il fit faire commandement à sa compagnie de monter à cheual, auec dessein de faire visiter les escuyries de ses compagnons, suiuát l'auertissement qui luy en auoit esté donné. Mais nostre Gascon, qui eust volontiers creu qu'on l'eust mescogneu, s'il eust mis son soulier en pantoufle, apres auoir donné au cheual de son camarade, qu'il auoit mis à só vsage, la bride du sié, & la selle de celuy du Marquis son cousin, toute couuerte de clincát & de broderie, móta dessus, & s'en alla ioindre la troupe:

& comme le Capitaine visitoit les rangs, auec quelques-vns de ses plus familiers, nostre Gascon qui vid qu'il arrestoit la veuë sur son cheual, quitte le sien, & va à luy: Monsieur, ie ne sçay pas si mon cheual a quelque chose de celuy de mon camarade, mais ie sçay bié que le sien ne fut iamais si richement harnaché, il ne faut que voir la selle de son roussin qui resta dàs l'escuyrie, & celle de mon cheual d'Espagne que voicy. Et puis luy donnant la main, & la bride, & le faisant tourner d'assez bonne grace: Qui est celuy de la troupe (cótinua-t'il) qui osera dire qu'il s'en seruist comme ie fais? Le Capitaine apres auoir côsideré le cheual, & la gentillesse du Cauallier, ordonna que le harnois & l'addresse luy resteroient, comme choses toutes siennes, & que le cheual rentreroit tout nud dans le bloc de l'equipage du mort, comme estant tout sien aussi.

Si ce Gascon tesmoigna en son action beaucoup d'effronterie, M. de B. ne tesmoigne pas en la sienne, peu d'artifice, qui se trouuant saisy du bien d'autruy, nous le produit comme sien, veut que nous en facions la comparaison à son auantage, & ne se contéte pas que nous condamnions le denonciateur, mais veut encore que nous facions le procés au maistre des choses qu'il luy a desrobées. Mais si vn Capitaine, dans les oppressions & les bruits de la guerre, qui font fuir les Muses, & taire les loix, a donné mal-gré la ruse d'vn Gascon, vn iugement si equitable ; en donnerons-nous vn iniuste, surpris de l'artifice de M. de B. dans le repos & les suffrages du siecle, & de la paix?

Certes Plutarque, Seneque, & Tacite, auroient plus de subject *Fol. 72.* de se plaindre de nostre iniustice, que de la trahison de F. A. si nous ne leur donnions de ces passages, les pensées toutes nuës, pour laisser à M. de B. ce que les vieilles Courtisanes ont de coustume de laisser sur leur toilette, la perruque, le rouge, le blanc, & tous ces petits affiquets, qui font Cloris à la mode.

Auant que laisser F. A. dans la *Fol. 92.* rigueur de sa penitence, pour faire " rencontre de Hortensius, & de " ces petits Docteurs, qui pour *Fol. 93.* estimer que les bornes de leur es- " prit sont les bornes de toutes les " choses du monde, ne veulent rece- "

uoir dans leur morale, les vertus nouuelles de noſtre Orateur; I'ay creu eſtre de la bien-ſeance, & de mon deuoir, de te donner la reſolution ſur la queſtion que tu me fais aux dernieres lignes de ta lettre. *Et quand meſme* (dis-tu) *les paſſages qui font ceſte conformité, ſeroient deſrobez, pourroit on de ceſte petite poignée ramaſſée, conclure contre les œuures entieres de Balzac?* Parce que c'eſt vn poinct de droit, ie te prie de trouuer bon que ie t'en face reſoudre au Commiſſaire de noſtre quartier. Il n'y a pas long-temps, que reuenát du Louure auec vn de mes amis, nous trouuaſmes vne ruë toute eſmeuë, & parce que le principal tumulte venoit d'vne maiſon aſſez cogneuë, la curioſité nous fit deſcédre de cheual, pour ſçauoir que c'eſtoit:

c'eſtoit : nous trouuaſmes à la Châbre, le Cómiſſaire, ſon Clerc, vne femme, & trois hommes d'aſſez bonne façon, qui viſitoiét tous enſemble vn gros tas de máteaux. Le Commiſſaire interrogeoit, la femme pleuroit, ces autres reſpódoient, & le Clerc eſcriuoit. Nous informant du myſtere, nous ſceuſmes que la maiſtreſſe du logis, ſous pretexte de prendre des habits en penſion, receloit les máteaux que les voleurs de nuit luy apportoiét, dont le Commiſſaire eſtant aduerty, s'eſtoit tranſporté ſur le lieu, auec ces hommes, de qui les amis auoient eſté depuis peu volez, & tuez. Et par ce qu'ils recogneurét dans ceſte grande multitude, les máteaux de leurs amis morts, le Cómiſſaire, apres les auoir mis à part, & prononcé ſur eux, declara les

F

autres de mesme nature. Le Gentilhôme qui estoit auecque moy, trouua la chose si hardie, qu'il en demanda la raison. Monsieur, luy dit le Commissaire, ces trois hommes que vous voyez, pour n'auoir vne particuliere cognoissance de tous les hommes du monde, n'ont peu cognoistre que les manteaux de leurs amis, & moy ie n'ay peu que conclure contre les autres, estant bien asseuré, puis que j'ay trouué, sans beaucoup de soin, la preuue de ceux-là, que ie la trouueray encore de ceux-cy, quand j'y feray mes diligences.

Maintenant, puis que les choses de mesme nature peuuent soufrir mesme explication, tu peux recueillir de l'ordonnance de ce Commissaire, la resolution de ta question ; & dis hardiment que si

F. A. seul, qui ne sçauroit auoir passé sur tous les dicts des bós Autheurs, auec choix, ou auec attention, a peu porter tesmoignage contre M. de B. sur six vingts & tant de passages, sur combiē d'autres en apportera la recherche curieuse de ceux qui liront ses œuures auec plus de suffisāce, ou plus de dessein? Et certes, si nos loix cōdamnent l'homme de bien, qui se trouue dans la cōpagnie des meschans, que pouuons-nous dire des elocutions propres & legitimes de M. de B. que nous trouuons confonduës dans les pensées d'autruy? Dirons-nous que le bien des autres est à luy, par ce qu'il se trouue parmy le sien? où conclurōs-nous contre le sien, par ce qu'il se trouue parmy celuy des autres? Les tesmoins & les preuues sont pour ceux-là, & nous n'auons pour luy autre tesmoignage, que celuy qu'il nous en donne. Ces choses bié consideréés, ie te iure Per. qu'il est tres-dangereux de tomber entre les mains de la Iustice, & qu'il n'est rien de si formidable, qu'vn Commissaire & son Greffier.

Desormais que F. A. nous a fait cognoistre que M. de B. sçauoit mettre à son vsage le bien qui n'est pas à luy, voyons s'il ne luy arriueroit pas comme à celuy qui desroboit les roses de son voysin, qui pour n'estre pris sur le fait, les cueilloit auec si peu de sagesse, & tant de precipitation, qu'il en sentit les espines. C'est aussi quelque chose de nostre principal dessein: mais premierement disons que de mesme que la Medecine, qui du temps de Machaon & de Padaligus, bornoit son soin & son exercice, à l'application des herbes toutes pures; a trouué du temps de Galien, & d'Hyppocrate, la voye des compositions, & cherche encore en nostre siecle de nouueaux remedes dans les essences, afin que s'accommodant à nostre goust, elle puisse vaincre le mal : Ainsi la verité, qui se faisoit chercher du temps d'Homere & d'Hesiode, dans les fictions & les fables, qui se fit voir toute nuë du temps d'Aristote & de Clitomache, cherche encore à s'approcher de nous, reuestuë & parée des plus riches ornemens de la Rhetorique, afin que nous laissans deceuoir peu à peu aux delices du langage, nous venions à l'adorer. Mais comme les belles paroles ont quelque chose de la volupté, & qu'il est bien difficile de suiure ceste fausse Deesse, dans les dangers où elle nous meine, sans nous y trouuer surpris; Il faut que la verité prenne bien garde, dans les appasts qu'elle prattique, de conseruer sa candeur, & sa majesté, de crainte que voulant éuiter la solitude, elle ne s'accompagne de ceste volupté, que la vertu ne veut point pour sa suiuáte, qui comme les Ardans, nous esgare des voyes, nous meine sur les precipices, nous y precipite, & nous perd. Or pour ne tomber dans ce mal-heur, que fera le sage Orateur, qui doit marier la verité, & la volupté, dans l'assemblage de ses paroles? Il fera cóme les amoureux, il cherira celle-là, comme il cherit sa maistresse, & celle-cy, comme celle qui la suit. Ie veux dire qu'il cherchera la verité auec que dessein, & ne suiura la volupté que par consideration, & entant seulement, qu'elle habille ceste belle maistresse, la frise, & la pare, pour nous donner plus d'amour. Pour cest effect, à mesure que son imagination luy fournira quelque pensée, il faut qu'il cherche auant que la produire, la raison qui la souftiét, & apres qu'il l'aura trouuée, qu'il exprime, s'il veut, ceste image, auec des paroles choisies, qu'il l'embelliffe, & qu'il la pare, des plus belles fleurs de son art: Auec ceste precaution toutesfois, que ces caracteres d'eslite ne chágent point le visage des choses, & ne seruent pluftoft à eftoufer la verité, qu'à la faire recognoiftre. Car de mesme que l'or, le porphyre & le marbre du Temple, à qui les fondemens manqueroient, ne sauueroient pas le Prestre de sa ruine, ains au contraire le perdroient auec d'autant plus de violéce, que que plus ils auroient de pois: Elle aussi seroit d'autant plus accablée sous ces paroles d'or & de foye, que plus elles seroient fastueuses, & pleines de majesté.

Voyons maintenant, puis que c'est nostre dessein, si M de B. de
» qui le grand esprit est gouuerné
» par vn iugemét encore plus grád,
» & dont chaque pensée a pour fon-
» dement vne raison, ou cogneuë de
» tous les hómes, ou cogneuë pour
» le moins des Philosophes: voyons,
» dy-je, si dans les mouuemens, &
» les hardiesses, qui rauissent son le-
» cteur, & le surmontent luy-mesme, il a gardé ceste leçon. Nous n'auons que faire de retourner au commencement de ce liure, pour

chercher à le surprendre, & n'irós pas foüiller dans ses autres œuures, puis que celle-cy, qui est leur défense, nous en donne le moyen. Continuons donc, & voyons si chemin faisant, nous trouuerons quelque chose, qui face à noſtre troisiesme proposition.

La pensé de Hall. n'est pas mau- Fol. 77. *uaise, mais celle de M. de B. est incomparable, &c.*

Nous auons assez de cela, nous parlerós du reste à son lieu. Voyós donc quelle est ceste pensée de Hall. qui n'est pas mauuaise, & quelle est celle de M. de B. qui est incomparable.

Il faut se contenter du Dieu de Hall. *nos Peres, puis qu'il est tres-bon, sans en vouloir faire vn nouueau, qui ne pourroit estre que mauuais* (dit Hall. & M. de B.) *apres luy.*

Fol. 77. *Nous ne sommes pas venus au monde pour faire des loix, mais pour obeyr à celles que nous auons trouuées, & nous contenter de la sagesse de nos Peres, comme de leur terre, & de leur Soleil.*

Il faut se contenter du Dieu de nos Peres. Pourquoy ? Par ce qu'il est tres-bon, sans en vouloir faire un nouueau qui ne pourroit estre que mauuais. La consequence en est bonne, car le Dieu de nos Peres estant tres-bon, comme il pose, celuy que nous ferions ne pourroit estre que mauuais. M de B. a donc dit vray, quand il a dit que la pensée de Hall. n'estoit pas mauuaise; voyons si la siéne est incōparable.

Nous ne sommes pas venus au mōde, pour faire des loix. Pourquoy non ? Parce que nous deuons obeyr à celles que nous auons trouuées. Ce n'est pas vreraison, & ie ne trouue pas ces deux propositiós, qui font la premiere partie de ce passage, veritables, non plus-que celle qui suit. Pour les examiner toutes trois, sçachons que les propositiós vniuerselles, soit qu'elles affirmét, ou qu'elles nient, doiuent estre veritables tousiours: ainsi, L'homme est raisonnable, n'est pas seulemét veritable en Pierre, mais en Iean, & non pas seulement au Chrestié, mais à l'Infidelle, en tout lieu, & en tout temps. Reuenons maintenant à ceste pensée incomparable. *Nous ne sommes pas venus au monde, pour faire des loix, mais pour obeyr à celles que nous auons trouuées.* Ces deux propositions ne cócluans que mesme chose, nous ne les considererós pas distinctemét, mais dirons qu'estans vniuerselles,

elles doiuent estre veritables tous-jours, sans distinction de personnes, en tout lieu, & en tout temps. Mais sont-elles veritables en la bouche des Iuifs? Nostre condition en seroit trop mal-heureuse. A la bouche du Turc? Encore moins, ses Peres ne tiénent les siénes, que des mains de Mahomet. A la bouche de qui seront-elles donc veritables? A la bouche des Chrestiens? M. de B. qui en est le createur, & le pere, ne les restraint pas à cela; & quand elles y seroient restraintes, elles n'estoient pas veritables en la bouche des premiers Chrestiés, & ne le sont encore auiourd'huy à celle des Caluinistes en France, ny en Alemagne, à celle des Anabaptistes, ou des Lutheriens. Peut-estre les dit-il seulemét des Catholiques & Apostoliques

Romains? Et si elles ne sont pas encore veritables en la bouche de ceux-cy, ceste terre & ce Soleil, qui les porte, & qui les esclaire, auront-ils assez de force, & de lumiere, pour faire voir la raison qui les fera subsister? Certes nos Docteurs ayans en diuers lieux, & en diuers temps, ordonné diuerses & differétes ceremonies en l'Eglise, comme il apparoist dans les Actes des Apostres, & dans les Conciles des Papes leurs successeurs; à Dieu ne plaise que nous disions auecque M. de B. que nous ne sommes pas venus en ce monde, pour faire des loix, mais pour obeyr à celles que nous auons trouuées. Celuy qui enuoya son Esprit à son Eglise, qui luy a laissé les clefs du Royaume de son Pere, & qui luy a promis que tout ce qu'elle lieroit ou deslieroit sur la terre, seroit lié ou deslié dans le Ciel, ne l'a pas restrainte à la necessité des loix, que la rencótre du temps ou des personnes, a introduites & changées; & nous commandant d'estudier à deuenir sages, n'entend pas que nous nous contentions de la sagesse de nos Peres, comme de leur terre & de leur Soleil.

Venons maintenant à la seconde partie de ce passage, aussi bien nous y voila. *Et nous contenter de la sagesse de nos Peres, comme de leur terre & de leur Soleil.* Si M. de B. auoit introduit par raillerie, quelqu'vn de ces petits Gentilshommes, qui estudient tous les iours dans l'Histoire les actions de leurs ancestres, qui se glorifient de leur sang, & font vanité d'en auoir les images, & qui auecque cela n'ont rien en eux, qui merite de porter le nom de leurs deuanciers: S'il introduisoit dóc par jeu, quelqu'vn de ces faineans auecque ces belles paroles: *Il se faut contenter de la sagesse de nos Peres, comme de leur terre, & de leur Soleil*: la pensée en seroit tres-bonne. Mais parlant de sens froid, & voulant tirer de sa proposition, vne consequence raisonnable contre l'heresie, ou le vice; elle n'est pas seulemét mauuaise, mais elle ne se peut souftenir. Fel. 76. La vertu, ny la science, ne sont " point transmises, ny leguées par " testament, à nos amis, & à nos he- " ritiers; & ce Cardinal n'a point eu " encore de successeur, quoy qu'il " ait eu des heritiers, & des freres. " Pourquoy donc se faut-il contenter de la sagesse de nos Peres, qu'ils ne nous ont point laissée, comme de leur terre, & de leur Soleil, qu'ils ne nous pouuoient oster?

Pour conclure sur les propositions entieres de ce passage, il faut encore côsiderer que de deux côtradictoires, l'vne estant veritable, l'autre est fausse necessairement. Ainsi si celle-cy est veritable, M. de B. est sage : celle-cy ne le sera pas, M. de B. n'est pas sage. Et au contraire, la derniere estant veritable, la premiere sera fausse necessairement. Venons maintenât aux propositions que nous venons d'examiner, opposons leur celles qui leur sont contraires, afin que nous puissions faire la difference des deux.

Nous ne sommes pas venus au monde, pour faire des loix.

Nous sommes venus au monde pour faire des loix. Pourquoy non?

non ? Nos Peres en ont fait, & nous en faisons tous les iours.

Mais pour obeyr à celles que neus auōs trouuees. Et nō pas pour obeyr à celles que no⁹ auōs trouuées. Il faut estre icy plus sage que M. de B. qui croyant desrober plus subtilemēt la pēsée d'Hall. en a rejetté la condition qui fait qu'elle est veritable. Adiouſtons donc, pour ne trouuer les espines de ceste rose; si elles ne sont meilleures que celles que nous ferions.

Et nous contenter de la sageſſe de nos Peres, comme de leur terre, & de leur Soleil.

N'estant pas raisonnable que nous nous contentions de la sageſſe de nos Peres, qu'ils ne nous ont point laiſſée, comme leur terre, & leur Soleil.

Voyons si elles auront meilleure

G

re grace toutes ensemble.

Balzac. *Nous ne sommes pas venu au monde pour faire des loix, mais pour obeyr à celles que nous auons trouuées, & nous contenter de la sagesse de nos Peres, comme de leur terre, & de leur Soleil.*

Nous sommes venus au monde pour faire des loix, & nō pas pour obeyr à celles que nous auōs trouuées, si elles ne sont meilleures que celles que nous ferions; n'estāt pas raisonnable que nous nous contentions de la sagesse de nos Peres, qu'ils ne nous ont point laissée, comme leur terre, & leur Soleil.

Ie ne te demande que des yeux & du iugement, pour conclure de la verité de ces propositions. Mais auant que les laisser tout à fait, crois-tu que ce *comme* soit raisonnable, & que la terre & le Soleil qui ne sont pas seulemēt communs à tous les hommes, mais à tous les animaux, puissent estre dits de nos Peres? Quoy qu'il en soit, considerant la raison de M. de B. accablée sous le faix de ces deux grandes machines, t'imagineras-tu pas de voir Briarée enseuely sous les montagnes, auec lesquelles il vouloit prendre le Ciel? Certes elle est bien à plaindre: mais quoy? il eust fallu, pour ne succomber sous ces pieces destachées, qu'elle eust esté aussi forte que les espaules d'Hercule, qui porterent l'Vniuers.

Il y a beaucoup d'autres passages, Fol. 79. *& d'autres Autheurs, aussi impertinemment alleguez que les precedens, mais ie n'ay pas assez de patience, pour aller iusques au bout.*

Ie te diray aussi, qu'il y a beaucoup d'autres pensées aussi follement mises en œuure, que celle que nous venons d'examiner, mais il en faut laisser la recherche à Hortensius & à F. A. c'est assez que ie t'aye donné celle-cy auecque rigueur, pour me tirer de la promesse que ie t'en auois faicte. Ie ne laisseray pas de toucher legerement celles qui viendront à noftre rencontre. Tire cependant de ce passage incomparable au iugement de M. de B. vne consequence certaine, au desauantage de ceux qu'il na pas creu tels.

Ie cōtinuois à lire, & serois desia biē loin, si les raisons cōfuses de la page qui suit, ne m'eussent arresté court. *Certes cestuy-cy ne merite pas le loisir d'un honneste homme, & si ie n'apprehendois, &c.*

pag. 78.

I'ay leu & releu, j'ay tourné, j'ay repris, j'ay mesme cherché à me perdre, à son exemple, dans ceste sienne confusion, pour voir si rappellant ma pensée, ie trouuerois sa raison : mais il faut que i'aduouë mõ peu d'esprit, ie n'ay trouué ny B. ny ce qu'il veut dire. Seulement ay-je appris dans la recherche que i'en ay faite, qu'il est bien facile d'entreprendre vn mauuais affaire, mais qu'il est bien difficile d'en dire de bonnes raisons.

Mais ce qui est de plus ridicule, & qui se refute de soy-mesme, en tout le dessein du Moine, c'est de vouloir faire passer ceste these pour veritable, que M. de B. a imité Theophile. Fol. 84.

« Nous ne dirons pas simplement
« icy auecque luy, que la colere se
« fait des armes, de tout ce qu'elle Fol. 6.
« rencontre: mais acheuerons de cō-

G iij

clure auecque Seneque, quelle nē
se sert pas seulement de ses mesmes
armes contre les objects qu'elle a
destinez à sa violence, mais encore qu'elle les desploye sur tous
ceux qui viennent à sa rencontre.
Car Per. que luy a fait Theophile?
N'a-t'il pas esté assez trauaillé sur
la terre, pour meriter qu'õ le laisse
dans le repos du tombeau ? A-t'il
cõtribué quelque chose à la folie,
d'Hortensius, ou au soin inutile de
F. A. ? A-t'il trouué à dire à ses
vertus Chrestiénes, ou à celles de
son Eloquēce, qu'il prefere à celles
là ? N'estoit-ce pas assez, puis qu'il
n'auoit point de meilleure raison
à dire, de protester qu'il n'auoit
point veu les liures qui ont esté
imprimez de luy; sans s'extraua-
guer mal à propos, apres tant de
mesdisances ? Mais il n'estoit pas

raisonnable que Theophile, qui trouue son rang dans le catalogue des bons esprits, eust moindre fortune que Virgile, Ciceron, & tant d'autres, qu'il deschire dans cest ouurage, en telle sorte que qui en considerera le discours, dira auecque raison, qu'il merite plustost le nom d'oppression, que de défense.

Lors que le commerce estoit permis auec Theophile, & que les loix ne défendoient point sa conuersation, M. de B. luy a souuent ouy reciter ses mauuais Vers, & luy a fait recognoistre vne infinité de fautes, dont ils sont pleins, &c.

p. 87.

Voy iusques où va la calomnie, elle veut que les loix condamnent en l'autre monde, celuy qu'elles ont absous en celuy-cy. Et ce qui est de plus deplorable, est de voir

vomir ceste rage de la bouche
d'vn amy. Ie n'iray pas chercher
les tesmoignages de ceste verité,
hors de ce liure, puis que ie me suis
proposé, quelque chose que j'aye à
te dire, de ne me seruir que de luy.
M. de B. *luy a souuent ouy reciter ses
mauuais vers, & luy a fait cognoistre vne infinité de fautes, dont ils
sont pleins.*

Considere icy les marques d'vne amitié reciproque. Theophile,
pour l'estime qu'il faisoit de B. luy
recitoit ses vers, & B. pour l'amour qu'il portoit à Theophile,
les luy corrigeoit. Celuy qui ne sera pas amy, ne se meslera pas de
corriger les vers d'vn Poëte qu'il
n'estimera pas : & vn Poëte ne
monstrera pas à vn homme qui se
picque d'esprit, ses œuures, s'il ne le
croid son amy. Ils estoient donc

amis: & neantmoins à la premiere rencótre que B. a fait de Theophile, il l'a exposé à sa fureur & à sa rage; il ne s'en est pas seulement pris à la façon de ses vers, mais à celle de sa vie.

Et que les loix ne défendoient point sa conuersation: Il eust dit, s'il eust esté plus raisónable; Lors que l'enuie & la calónie le souffroient en liberté, & que les loix surprises par l'injustice des tesmoins, n'interdisoient point sa conuersation, Il m'a souuent fait l'honneur de me lire de ses vers, dás lesquels j'ay veu tout plein de bonnes choses: mais ie ne vis iamais la Tragedie, dont le Moine fait mention. Il n'y a que les estourdis qui me niét ceste proposition, Que la ciuilité, & la bien-seance, font vne des bónes parties de nostre vie. Mais quoy? si les amitiez du siecle ne sont pas assez genereuses, pour durer dans l'aduersité, celle de M. de B. sera-t'elle obligée à durer apres la mort? Theophile est mort, & ses ennemis sont vivás. Mettós ceux-cy, Per. en la place de Theophile, & Theophile en celle de M. de Sainct Simon; ils auront des caloniateurs, & il trouuera des amis. La gloire de Virgile, & d'Homere, sera effacée par la force de ses vers: Les Muses ne chanteront d'autres chansons que les siennes. Le Ciel reiglera ses mouuemens à ses cadences mesurées, il y accordera son harmonie; & les Dieux s'en seruiront à proferer leurs oracles. Amis faux! amis infidelles! que l'interest seul nous gaigne, & que le mesme nous perd! Amis trópez, & deceuz! qui comme les papilons, se perdét apres de fausses lumieres! qui courent apres l'esclat & l'apparence du vice, & mesprisent la vertu!

Mais Per. que peut obliger M. de B. à trouuer le Moine si ridicule en ceste siéne accusatió? Si nous nous seruós des simples & des mineraux, si nous imitons vn Echo, & desrobons d'vn iardin, & d'vne prairie, la varieté & les fleurs, pourquoy ne mettrans nous pas à nostre vsage, les productions d'vn esprit? Les pensées animées d'vn Poëte, seront-elles moins fructueuses, ou moins liberales, que ces corps inanimez?

C'est sans doute, que les vers de Theophile sont trop Gascons, & ne sont pas assez François. Ie ne t'aduoüeray pas seulement cela de luy, mais ie t'accorderay, si tu veux, qu'il est impossible que ceux qui n'ont point esté nourris à la Court, se puissent conseruer dans la phrase Françoise. Mais qu'importe? Seneque & Tacite n'estoiét point François, on ne laisse pas de les imiter. Que si M. de B. a sceu changer auec tát d'industrie & de grace, leur Latin en son François, croirons-nous qu'il manque d'addresse à l'vsage du Gascon ? De plus, ce n'est pas par le choix & l'assemblage des paroles, que nous iugeons de l'excelléce d'vn esprit. Lors qu'il est question de mettre prix à deux choses de mesme nature, on considere principalemét laquelle des deux contient en plus haut degré de perfection, ce qui leur est de particulier & de propre. Ainsi de deux terres, on regardera premierement, laquelle est la plus fertile. Et par ce que la raison est ce qui est de plus propre à l'hóme, de deux Autheurs qui escrirót, on cósiderera premierement aussi, celuy qui escrira plus raisonnablement. Et comme de deux terres fertiles, celle-là se trouue à plus haut degré, qui multiplie plus ses fruicts : de deux bós esprits, celuy-là sera le plus rare, qui produira en plus grande abondance, des pensées raisonnables. Les paroles & les graces, auec lesquelles ce bon esprit s'exprime, viennent apres en consideration ; ainsi que de la terre, la situation, les bois, les fontaines, & les autres beautez de la nature & de l'art. Que si ces veritez considerées, on cherche la valeur & le poix des esprits & des ouurages de Theophile & de B. à quel differét degré les mettras-tu, Per?

l'accorde à B. en ta faueur, les mots & la phrase; oseras-tu nier à Theophile, l'abondance des pensées, & la force des raisós, puis que sans hyperbole, il en a raisonnablement plus à luy, dans vne seule de ses Odes, que B. dans toutes les lettres qu'il a faictes, ny dans celles qu'il fera, en fist-il de plus gros volumes que ceux qui contiennent le Droit?

f. 88. *Mais auant que de quitter tout à fait le Moine, & de passer à vn autre subiect, ie veux encore, &c.*

Puis que nous auons quitté F. A. ie suis encore d'auis que nous laissions icy en repos, les vanitez de M. de B. Aussi aimay-je bien mieux luy accorder que les Autheurs qui ont escrit du temps des Cesars, ont desrobé les estincelles de ces grádes lumieres d'esprit, qui

reluisét en leurs ouurages, de ceux Fol. 89.
qui escriuét dãs le regne de Louis
le Iuste, que de toucher à ses passions, & à ses parties hôteuses, que Fol. 91.
ses belles paroles produisent auec
aussi peu de pudeur, que les corps
nuds, les Dames impudiques.

Maintenant passons des choses Fol. 92.
aux paroles, &c.

M. de B. ayant pour principal
dessein (comme ie t'ay desia fait
voir) de disputer de l'Eloquence,
auec toute la Grece, & toute l'Italie, a supposé au commencemét de
son liure, deux differentes accusations: l'vne qui regarde la proprie-
té; & l'autre l'vsage: afin qu'il peust
auec quelque sorte de bié-seance,
oser dire que non seulement en la
matiere de laquelle il est le createur, mais en la grace de la produire, il auoit trouué ce qu'on cher-

choit deuant luy, n'ayant pas seulement surmonté Isocrate, & Ciceron, mais encore la nature & l'art. Le pretexte qu'il a pris de F. A. est vn peu apparent, mais celuy de ces petits Docteurs, est bien affecté.

Eol. 7.   Ils adiouſtent que quelquesfois il escrit d'vne autre façon que ne parlent les artisans, que son style n'est pas assez populaire.

Qui ne croira ceste accusation supposée? Car quelle apparence y a-t'il qu'on accuse M. de B. de ne parler pas comme les artisans, & de n'estre pas assez populaire, luy qui ne parle qu'aux Roys, & aux grands Seigneurs, qui n'harágua iamais au peuple, qui n'a iamais paru dans les actions libres, qui ne s'attache qu'aux seruiles & mercenaires, qui demande la recompése de

se de ses veilles, & qui cherchant ainsi à mettre l'Eloquence en liberté, quelque Reyne qu'elle soit, la rend esclaue des honneurs, des biens, & de la fortune?

Or maintenant, par ce qu'il pretend d'auoir satisfait à ceux qui luy vouloient oster la gloire de ses belles inuentions, il cherche à respondre à ceux qui ne peuuent supporter l'esclat de son style, qui disent qu'il est trop enflé, & qu'il cõtient de trop grandes hyperboles. Passons cóme luy, des choses aux paroles, & nous trouuerons que ces accusations qu'il a feintes, se trouuerõt veritables, s'il luy plaist d'y adiouster auecque nous, Qu'õ ne peut supporter l'esclat de son style, pour n'estre pris que de la vanité des paroles, & non pas de la richesse des pensées, ou des forces de la raison : Qu'il contiét de trop grandes hyperboles, non pas pour estre portées trop auant, mais pour estre en trop grand nombre, non pas pour estre mises à l'vsage des grandes matieres, mais pour estre employées aux choses viles, & de peu de consideration.

Suiuons-le donc, Per. & voyós si nous trouuerons ce qu'il nous propose, ou s'il ne nous donnera pas le moyen de prouuer ce que nous posons. Ne craignons pas de nous perdre dans ses espaces imaginaires, nous nous retrouuerons au iour de tant de lumieres qui paroissent dans cest ouurage, pour reuenir à la proposition derniere de nostre principal dessein.

Fol. 93.

Fo. 93. *Il est de certains petits Docteurs, &c.*

Ne nous arrestons pas, Per. à

l'Orateur François.

nous informer de M. de B. si la façon d'exprimer les mysteres, les fictions, & les fables, est quelque chose de semblable au genre sublime de l'Orateur: Mais disons cóme luy, qu'il est vray que ce genre "d'escrire a des reigles & des mesu-" res, qu'il faut obseruer, & des ex-" tremitez aussi, dans lesquelles on " doit prendre garde de ne tomber " pas: & qu'à cause qu'il ne s'en faut " gueres qu'vn homme prodigue ne " passe pour liberal, & que la teme-" rité est voisine de la haute vaillan-" ce, la plus-part donnent au vice, le " nom de la vertu qui luy est pro-" che; & quelques-vns approuuent " la vanité du discours de M. de B. " par ce qu'ils ne distinguent pas " l'embonpoinct d'auec l'enfleure, " ny l'abondance d'auec l'excés. " Neruese fut pareillement approu-"

Fol. 94.

H ij

ué, l'esclat & la majesté de ses paroles, estonna la France, toute la Court en fut surprise, de telle sorte qu'il y trouua des adorateurs.
" Cependant il estoit bien loin des
" torrens, des tempestes & des ora-
Fol. 99. ges d'Vlisse, qu'ils croyoient ado-
" rer en luy. Et le temps nous a fait
" cognoistre qu'il ne tenoit aucun rang en la diuision des Orateurs: aussi ses fleurs n'ont eu que leur matin, ses belles paroles sont cheutes cóme les estoilles du Ciel, & ses œuures miraculeuses, qui estoient les charmes des Caualliers, & les delices des Dames, sont transmises & leguées aux suiuantes, & aux valets.

" Comme Monsieur de Balzac
Fol. 99. il estoit pourtant le createur de ses
" ouurages, comme luy, il augmen-
" toit la beauté des choses, par la

majesté des paroles; & comme luy il pouuoit mettre à la teste de ses liures, *Inueniet viam, aut faciet.* Mais qui sçait aussi, Per.si comme Neruese, il ne changera pas sa deuise, & si nous ne verrons pas ce Soleil metamorphosé en Estoille cheueluë, auecque ces mots, *Eleuata cadit* ? Crois-tu que ce Poëte sans queuë, le mette au dessus de Phebus & des beaux esprits de ce temps? Quoy qu'il en soit, tien cela pour veritable, qu'il n'est rien de si facile, que de dire en bon & beau François, de bonnes & belles sottises.

Les Rhetoriciens & les Grammairiens &c.

Nostre Orateur, qui veut encore introduire vne heresie en la Rhetorique, pour gaigner cela sur les esprits, que la veritable Eloquence consiste en la volupté des paroles, confond icy le style & le genre d'escrire.

fol. 96. *Le style (dit-il) est l'effigie & la marque de l'Oraison, par laquelle nous pouuons discerner & cognoistre vn Orateur d'auec vn autre. Or ceste effigie consiste en deux choses, au choix des mots, & en la composition de la phrase: & la diuision la plus receuë, est celle qui est fondée sur les obseruatiõs d'Homere, qui introduit trois hommes bien-disans, & chacun d'eux excellent en son gere, asçauoir, Menelaus, Nestor, & Vlisse. Et*

p. 99. *puis: C'est donc sur ce plan, que les Rhetoriciens ont dressé leur diuision de trois genres de bien dire: le sublime, ou magnifique: le delicat, ou subtil: & le moyen, qui tient de tous les deux, &c.*

 Par la suite de ce discours, il est

bien aysé à voir que comme il a dit que l'effigie de l'Orateur côsistoit au choix des mots, & en la composition de la phrase, il entéd aussi que les mots & la phrase, mettent la difference entre le genre sublime, le delicat, & le moyen. Mais où est icy sa raison ? Car si pour s'expliquer d'vne façon magnifique, il est necessaire de composer son Oraison, de mots & de phrases differentes à celles que nous mettons en vsage, quand nous n'auós qu'à nous faire entédre par vn discours delicat, ou moyen; comme quoy cognoistrons-nous que l'Oraison pour Cecinna, & l'Oraison pour la loy Manilienne, ont esté composées par le mesme Orateur qui a composé l'Oraison pour Rabirius ? Les mots sont sublimes en celle-cy, & la composition de la

B. 104

phrase en est magnifique; & il n'y a que du delicat, & du moyen, en celles-là. Dirons-nous pas mieux, si nous disons que le genre d'escrire, comme supreme, en pose trois autres sous luy, le sublime, le delicat, & le moyen : que ces trois tirent leur difference, de la matiere qu'ils traittét, des personnes qu'ils ont à persuader, de la sublimité des pensées, de leur delicatesse, ou du mariage des deux : & que le style de l'Orateur se recognoist à l'vsage de certaines paroles, qu'il a particulieres, & à la construction de sa phrase? Ie dy à la constructió, & non pas à la composition, comme M. de B. par ce que la composition a esgard à la matiere & à la forme, qui font que la chose est simplement : mais la construction regarde les proportiós & les graces, qui font qu'elle est belle. Ainsi la matiere & la forme, qui composoient Socrate, faisoient qu'il estoit, quoy que laid & desagreable: & les proportions & les graces, auec lesquelles la nature auoit construit Alcibiades, faisoiét qu'il estoit beau, quoy que vicieux. Si bien que nous pouuons dire, quád nous parlerós de quelque discours que ce soit, que la composition est du genre, & non pas du style; & la construction, ou disposition, du style seulement. Or par ce que le gére d'escrire est de l'art, & que le style est quelque chose de la nature, à mesure que la sagesse de l'homme a donné à ces trois manieres de parler, ses reigles & ses maximes, le naturel s'y est accommodé, & à cause que nous auons nos inclinations particulieres, certains styles embrassans auec pl⁹ de facilité, & comme d'eux-mesmes, certain genre d'escrire, en prennét la qualité & le nom : si bien que le style de Pierre, ou de Iean, qui s'accommode au sublime, au delicat, & au moyen, prendra par vne certaine figure, qu'on appelle par excellence, le nom de celuy des trois, qu'il embrassera auec plus d'habitude, & de perfection. Ainsi les Roys de la terre, se conseruét les noms du vice, ou de la vertu, à laquelle ils courét auec plus d'obstination, ou de naturel. Et quoy que nous appellions Neron Cruel, & Louys Iuste, nous ne disons pas que celuy-là ne fust possedé d'autre vice que de celuy de la cruauté, ny que celuy-cy ne possede autre vertu que celle de la Iustice. Nous voulons dire que ce Tyran confondoit ses autres vices, dans celuy de la cruauté; & que nostre Roy, parmy ses autres vertus, fait reluire sa Iustice. Mais comme il ne s'est pas acquis ceste qualité, pour s'estre meslé simplement de la Iustice, nous n'appellerons pas aussi le style d'vn Orateur, magnifique, pour s'accommoder simplement à ce genre-là. Il faut pour meriter le nom d'vne vertu, en auoir la perfection, & les habitudes: & la difference de sçauoir le bien, & le prattiquer, n'est pas plus grande que celle de sçauoir les maximes du bien dire, & d'en auoir la grace, & la faculté. Et quád mesme nous pourrions deuenir Orateurs, & que le long estude nous pourroit rendre sçauans dans tous les géres d'escrire, nous manquerions tousjours au style, si nous ne l'auions de la naissance & du Ciel. Et c'est pourquoy Ciceron, qui nous a peu laisser les reigles & les maximes de son art, n'a sceu nous laisser la douceur, que la disposition de sa phrase marie à son Oraison. C'est ce colory des Peintres, qui est quelque grace animée par le meslange des couleurs, & la rencontre des clairtez & des ombres, qu'ils donnent bien à leurs images, mais non pas à leurs apprentis. Et comme il s'est trouué des Peintres, qui ont rendu leurs tableaux viuans, par les raisons de leur art, qui n'ôt sceu leur inspirer ceste Venus, que nostre veuë y desire; on void aussi des Orateurs, qui trouuent la beauté des paroles, & la grace de leur assemblage, qui restent necessiteux des pensées & des raisons puissantes & genereuses, pour la perfectiõ de leur art. Mais de mesme que le Peintre qui acheue ses tableaux auec art, est preferé à celuy qui ne luy donne que la grace; l'Orateur qui sera plus capable de raison, sera plus digne de gloire: & celuy-là sera parfait en l'vn & en l'autre art, de qui la plume, ou le pinceau, mariera dans ses ouurages, les graces & la raison.

Or par ce qu'entre les genres d'escrire, le sublime tiét le premier rang, qu'il s'attache aux grandes matieres, qu'il traitte deuant les Roys, qu'il ose tout, & que sans estre necessiteux des faueurs des autres, qu'il void au dessous de luy, il leurt depart liberalement les siennes; M. de B. est tombé dans ceste erreur, qu'on ne peut estre bon Orateur, que dans ce gére d'escrire: & quelque chose qu'il ait à dire, s'y veut toufiours maintenir: & ne void pas qu'il n'eſt pas plus ridicule de faire les ſceptres & les couronnes des Roys, de bois, ou de fer; que le ſoc & la charruë du laboureur, d'or & de pierres precieuſes. Ce n'eſt pas tout que d'aſſembler de belles paroles, & de hautes meditations; il faut qu'elles ſoyent propres au ſubject que l'on traitte, & diſpoſées auec raiſon. Ainſi Virgile, qui dans ſes Eclogues, accommode ſes mots & ſes penſées, aux perſónes & au ſubject, n'a pas eſté moins rare, que lors que plus gros de voix & de gloire, il a chaté vn homme & ſes armes: ſon ſtyle, qui le fait recognoiſtre en l'vne & en l'autre de ces deux œuures, a eſté toufiours le meſme, & le ſeul reſpect de la matiere & des perſonnes, luy donne des noms differens. Car ie n'eſtime pas moins reſeuée, vne ſimilitude priſe des choſes cognuës & familieres aux Bergers, quand nous traittons auec eux, que celle que nous tirons du Ciel & de ſes eſtoilles, quand nous parlons à des Roys. Et ne croiray pas vn Orateur plus eloquent, qui traittera ſans beaucoup de iugement, des choſes mediocres, auec des elocutions ſuperbes & magnifiques, que celuy qui auec de moyennes, diſcourra auec raiſon, des ſubjects les plus releuez. Le ſtatuaire qui ſans grace & ſans art, eſleuera vn Berger en bronze, qui le couronnera de laurier, qui luy dônera vne panetiere de ſoye, des ſabots d'or, & vne houlette d'argent; ſera preferé par les ignorans, à celuy qui aura obſerué les perfections, & les graces, ſur vne pierre, pour la figure d'vn Roy. Mais l'homme d'esprit, qui ne verra pas ces ouurages, d'vn œil auare, ou voluptueux, en fera vn iugement different: il estimera la matiere en celuy-là, mais en celuy-cy, il y loüera l'ouurier. Que si l'estime des sages doit estre preferée à l'opinion des fols; cherchons nostre gloire, Per. dans la verité des choses, & non pas dans leur apparence: obligeons ceux qui verront nos ouurages, à les loüer plustost par ce qu'ils y trouueront de bon, que par ce qu'ils y trouueront de beau: cherchons tous les deux ensemble, mais principalement celuy-là, & fuyós plustost de parler, que de ne tascher qu'à plaire.

C'est aussi aymer trop les sens, que de ne se souuenir pas que nous auons quelque chose de plus precieux

cieux qu'eux. Nous auós vne ame raisonnable, qui n'est pas ennemie de la volupté, mais qui ne met pas la valeur des choses, au plaisir qu'elles nous donnent, mais à la vertu qu'elles ont. Elle n'estime pas vne campagne, ainsi que les passagers, pour la recreation que sa varieté nous apporte, mais pour les fruits & l'vtilité, qu'en tire le laboureur. Et M. de B. cherchant la vraye Eloquence dás la volupté des paroles, s'expose à la mesme raillerie, que les soldats Grecs & Troyés, qui pour s'acquerir les faueurs d'vne femme desbauchée, donnerent durant tant d'années, tant de combats, & tant de soins. Ie sçay bien qu'il y a vne vertu he- B. 109. roïque, qui va tout d'vn autre vol "
que la commune, qui accompa- "
gne les grandes ames, & qui leur "

I

,, apprend à passer par dessus les loix & les reigles ordinaires: mais comme elle fit chercher la veritable gloire à Hercule & à Alexandre, loin des molesses & des charmes de la volupté & du vice; elle veut aussi que l'Orateur cherche la vraye Eloquence, loin de la cajollerie, dans les appasts raisonnables de la nuë verité. Si bien que l'Orateur qui veut passer pour vn Heros, cherchera la magnificence de son Oraison, dans la force & la verité des pensées : & comme il ne doit pas fuir les belles paroles, il ne doit pas aussi tant affecter leur vsage, qu'il en oublie son premier deuoir. Les paroles propres au subjet que nous traittons, sont tousiours les plus belles, & quelquesfois ce que M. de B. appelle en elles la majesté, change en telle sorte la nature des choses, que de bonnes qu'elles estoient, elles deuiennent mauuaises; & ces superlatifs, qui les rédoient dignes du genre sublime, comme ils n'ont point de subsistance en elles, ne leur en donnét point aussi.

Car que croids-tu que deuienne vne pensée mediocre, que M. de B. voudra esleuer par la magnificence de sa phrase ? As-tu pris garde à ces petites bullettes d'eau, qui s'esleuent par dessus le courant ordinaire des riuieres ? elles osent bien dans la surface de leur petit hemisphere, attirer les fleurs, les arbres, les oyseaux, les estoilles, les hommes, voire mesme les Dieux, s'ils se presentent à elles, sous quelqu'vne de ces figures. Mais quoy? ces images qui les font belles, ne font pas qu'elles soyent plus long-temps ; la moindre petite rencontre abbat ceste vanité esleuée. Et ces elocutions temeraires, qui destachent le Soleil du Ciel, & la terre de son centre, qui comme des enchanteresses, tirent les Cesars & les Pompées, les Saincts Louys & les Charlemagnes de la biere & du repos, ne pouuans, foibles qu'elles sont, souffrir la force & la majesté de ces puissances reuerées, se perdent dās leur lumiere, & succombent sous leur faix. Et comme vn homme qui n'est pas encore cogneu pour fol, se declare tel, se produisant en public, vestu des habits hors d'vsage, riches de gaze & de clincant, tels que pourroient estre ceux des parties, où des ballets: ces pensées qui n'estoiēt point tant mauuaises, deuiennent extrauagantes, par l'esclat des epithetes,

& autres surcharges extraordinaires, qu'elles ne peuuent souſtenir. En vn mot, Per. il n'eſt pas donné à tous de bien dire: mais celuy qui donne à tous la parole, souffre qu'ils en vsent mal.

Mais il eſt temps de défendre ceſte innocente figure, qui fait vne partie des Eſcritures Sainctes, & de laquelle on peut dire que la propre perſonne de la verité s'eſt seruie, quãd le Fils de Dieu conuerſoit en ce monde, parmy les hommes, &c. Fol. 117.

Ie ne sçay pas ſi M. de B. ne ſe trópe point icy, & ſi ce que nous appellons des hyperboles, dans les Hiſtoires, & dans les œuures des Poëtes & des Orateurs, ne sont point des veritez dans les Eſcritures Sainctes, & dans la bouche de IESVS-CHRIST. Il aura oüy dire quelque choſe des paraboles,

Fol. 122. & la rime l'aura deceu. Camille
„ marchoit sur la teste des espis, sans
„ les abbatre : ce n'est pas vne verité.
Mais IESVS-CHRIST a marché sur les eaux, sans aller à fonds: dira-t'il que c'est vn mensonge?
Fol. 125. Lors que Pompée se vantoit que
„ frappant la terre du pied, il en fe-
„ roit sortir des legions; il faisoit vne
„ Rodomontade, long-têps auant
„ que les Poëtes eussent fait naistre
„ Rodomont; & ioüoit le person-
„ nage du Capitan de la Comedie.
Mais lors que IESVS-CHRIST a dit que s'il prioit son Pere, il luy enuoyeroit des legions d'Anges, pour le tirer des mains de ses ennemis; a-t'il auancé quelque proposition esloignée de sa puissance?
Fol. 140. Les Temples se resioüissent de la
„ venuë de Pompée, ils essayét mes-
„ me de se destacher de leurs fonde-

mens, & de sortir de leur place, "
pour l'aller receuoir hors de la vil-"
le : c'est mentir de bonne grace.
Mais les idoles sôt deuenuës muet-
tes à la venuë de Iesvs-Christ,
les enfans de laict ont tesmoigné
leur joye, & ont chanté ses loüanges ; à sa mort le Temple s'en-
trouurit, toute la terre trembla, les
Saincts qui reposoient, sortirent
des monumens, & la Lune en son
plein, accourut se ioindre au Soleil, pour eclipser sa lumiere : Voila des veritez incroyables. Que si
toutes les propositions qui offen-
sent la raison, & vont au delà des
sens, estoient tousiours des hyperboles, nous ne croirions pas que le
mesme Iesvs-Christ eust
donné la veuë aux aueugles, & eust
resuscité les morts : nous dirions
simplemét de luy, ce qu'on diroit

I iiij

de Galien, ou d'Hippocrate; C'estoit vn grand Medecin. En fin il faudroit reuenir à la premiere heresie de M. de B. rendre Dieu necessiteux des choses qu'il a luy-mesme creées, si nous ne luy accordions le pouuoir de les changer & multiplier. Mais osons encore plus que la Grece, esloignós-nous des sens, & de la raison; dirós-nous quelque chose de plus hardy que cela, De rien il a fait toutes choses? Aussi IESVS-CHRIST, qui sçauoit que ceste verité estoit receuë parmy les Iuifs, ne craignoit pas d'auancer beaucoup de choses, quelque hardiesse qu'elles eussent au dessous de celle-là. Que si M. de B. sçauoit que c'est que d'argumenter du plus au moins, il ne trouueroit pas sa pierre d'achopement à ces petites rencontres

Mais afin qu'il s'y face sçauāt, qu'il remarque que lors que ceste verité conceuë, a dit qu'il est aussi difficile qu'vn riche entre en Paradis, qu'vn chable dans le pertuis d'vne esguille; elle adiouste incontinent, que toute parole est possible à Dieu: voulāt que nous tirions de là ceste consequence, que s'il peut faire entrer vn gros chable dans le pertuis d'vne petite esguille, il pourra bien faire entrer vn riche dās la plenitude des Cieux. Que si les hyperboles eussent esté si fort à l'vsage de IESVS-CHRIST, les Capharnaïtes ne se fussent point scādalisez lors qu'il promit de dōner sa chair à manger, & son sang à boire. Car sans s'informer de ceste verité, qui offensoit leur raison, ils eussent, comme les Heretiques d'auiourd'huy, embrassé l'opinion qui se fust mieux accommodée à leur sens. Mais ils auoient bien desja veu que les paroles puissantes de nostre Maistre, ne s'estoient point accommodées à la portée de leur esprit, lors qu'il resuscita le Lazare; & leur peu de foy, qui leur auoit bien fait admirer la merueille de ce miracle, n'estoit pas assez forte, pour leur faire la grace de croire la realité de celuy-cy.

Fol. 117. *Ie soustiens donc, prenant les choses vn peu de plus haut, &c.*

Et moy ie soustiens, prenant les choses vn peu plus bas, & reuenāt à nostre figure, que M. de B. ne dit rien icy pour sa iustification : & ne puis, voyant le soin inutile qu'il prend à dire tant de belles choses, qu'il ne me souuienne de la pensée d'vne ieune Damoiselle, de laquelle ie faisois le portrait (car ie me suis autresfois meflé de peindre, cóme tu fçais) Elle auoit le teint & les cheueux affez beaux, les yeux roux, & la bouche vn peu effacée: & cóme i'eftois apres fon vifage, Ie te prie, me dit-elle, fais moy la bouche vermeille, les yeux bleus, & les fourcils noirs, j'ay pris garde qu'ils fiéent tres-bien au vifage de mes compagnes. Vous ne voulez donc pas, luy refpondis-je, que ce portrait vous reffemble. Ie voudrois bien qu'il me reffemblaft (me repartit-elle) mais j'ayme mieux qu'il foit beau. Confidere combié cefte ieuneffe eft innocente, qui prefere dans la reprefentation de fon vifage, vne beauté eftrangere, à la verité de fes traits. Si elle defiroit auoir vn beau tableau, falloit-il qu'elle fe fift peindre? Que fi elle vouloit auoir fa reffemblance, pourquoy copier les graces de Marie, ou d'Isabeau? Mais quoy? elle vouloit que ce fust son portrait, & comme elle aymoit mieux qu'ó le loüast entre ses mains, plustost par les beautez qui ne luy estoient point necessaires, que par la ressemblance qui le deuoit animer; M. de B. inspiré d'vn mesme esprit, trauaillant à nous representer le tableau de son innocence, ayme bien mieux aussi que nous l'estimions par des raretez & des perfections estrágeres, que par les lineamens & les traits propres à sa iustification. Et de fait, auós-nous trouué dans la suite de ceste Apologie, qu'il se soit attaché directement à sa matiere, & à son subject? N'a-t'il pas tousiours embrassé la vray-sébláce, & fuy la verité, cóme si celle-là, quelques beautez, &

quelques charmes, qu'elle possede, deuoit estre preferée aux appasts de celle-cy? Il veut pourtant se iustifier, & estant accusé icy d'abuser du haut style & de l'hyperbole, il nous apporte pour sa défense, les vertus & les loüanges des deux. Mais quoy? celuy qui estant accusé d'yurongnerie, nous apporteroit celles du vin, diroit-il quelque chose qui le iustifiast? Qui ne sçait que le vin ne sert pas seulement à resioüir & fortifier nos corps, mais qu'il trouue encore son honneur, & son rang, dans les mysteres de l'Eglise? Iesvs-Christ a voulu estre adoré à l'Autel, sous ses accidents; & nous ne sommes pas si fort ennemis des hommes, & de la Religion, que nous en défendions l'vsage, nous en blasmons l'excés seulement: que celuy qui en est accusé, en apporte les défenses; & que M. de B. ne se contente pas de nous redire icy de belles paroles, qu'il nous die de bonnes raisons.

Il ne s'est point encore trouué des hómes raisonnables, qui ayent interdit à la Rhetorique, l'vsage de ses belles fleurs; l'hyperbole en est vne des plus agreables, le Fils de Dieu s'é est seruy. Soit. L'Orateur en resioüit & delasse l'esprit de ses auditeurs. Il est vray. Il s'en sert à nous d'escrire les idées que son excellente imagination a formées au delà de l'expression : & par ce que les choses grandes & excessiues, sont tousiours de difficile croyance, elle luy sert à nous amener à la verité, par l'excés de la verité, c'est à dire par le mensonge. Cela est encore veritable ; & cecy ne l'est pas moins: La vaillance est la plus glorieuse vertu des hommes; & la Iustice est quelque chose du Ciel. Mais cela fait-il que ce Iuge n'ait abusé de sa charge, & que ce soldat ne soit cruel & assassin? Que ce soldat, ou que ce Iuge, parle donc du crime dont on l'accuse; & que M. de B. discoure de la mauuaise œconomie qu'il dóne à son Oraison. Mais n'aurions-nous pas tort icy, s'il se trouuoit qu'il n'en eust pas seulement parlé, mais encore qu'il eust fait voir qu'il vse bien de l'hyperbole, dont les autres ont abusé?

Toutesfois il faut bien considerer Fol. 122. *iusques à quel poinct on doit porter ceste figure, & quelle eleuation on luy doit donner: car quelquesfois elle va si auant, qu'elle passe toutes bornes, & offense la raison, apres auoir* mesprisé la verité, &c.

Voicy son erreur, & sa maladie: sa maladie, en ce qu'il continuë tousiours à vouloir estre plus parfait qu'Isocrate, & que Ciceron: & son erreur, en ce qu'il pose la vertu de l'hyperbole, en ce qu'elle a de defaut, & son vice, en ce qu'elle a de perfection & de bonne grace. Ie t'ay desia dit qu'on n'accuse pas M. de B. de porter ceste figure trop auant, ny de l'employer à l'expression des choses grādes & magnifiques; c'é est aussi la perfection: mais bien d'en vser trop souuent, & de l'employer à la descriptiō des choses de peu d'importance; puis que c'en est le defaut. Or afin que ie te face comprendre ceste perfection, & ce defaut que ie pose en ceste figure; il faut que tu consideres que la verité est té est vne, necessairement ; & que la menterie & la vray-semblance, peuuent estre multipliées. Et comme d'vne verité incogneuë, que nous voulons approcher, nous appellons de deux vray-semblances qui la cherchent, celle-là la plus parfaite, qui s'accommode plus à nos sens : de mesme d'vne verité que nous voudrons esloigner, nous appellerons de deux mésonges qui la fuiét, celuy-là le plus rare, qui s'esloignera plus d'eux. Or ce mensonge qui s'esloigne tellement des sens, qu'il n'en peut estre compris, est appellé par excelléce, hyperbole ; si bié que ceste perfection qu'il s'acquiert, pose vne certaine difference entre ceste figure, & iceluy, laquelle il n'est pas difficile de remarquer, puis que le mensonge est quelque fausse pro-

K

position, qui peut estre comprise par nos sens, & que l'hyperbole se doit exprimer en telle sorte, qu'elle ne puisse point estre embrassée par nostre volonté: Ie veux dire que les sens en soient tellement rebuzez, qu'ils soient contrains de s'en prendre à la proposition qui s'approchera le plus de sa brauade, & de leur capacité.

Maintenant voyons si M. de B. dit quelque chose, qui prouue qu'il n'ayt point abusé de ceste figure; & s'il a eu raison de n'auoir iamais peu gouster ce que force gens admirent dans les Anciens: *Que les loix aymoient mieux estre abolies par Cesar, que d'estre défenduës par Metellus: Et que Caton pouuoit plustost rendre honneste l'yurongnerie, que l'yurongnerie ne pouuoit deshonorer Caton.* En effect,

Pol. 123.

dit-il, ce n'est pas se seruir des figures, c'est en abuser, Et celles-cy ne peuuent estre conceuës, qu'on ne renuerse premierement tous les principes de la raison, & tous les fondemens de la Iustice. O l'excellēt Orateur: Ces figures renuersent les principes de la raison, & les fondemens de la Iustice. Et c'est en quoy elles sont parfaittes: car nos sens, qui ne peuuent comprendre cóme quoy les loix aymoient mieux estre abolies par Cesar, que d'estre défenduës par Metellus, embrasseront, en faueur de Cesar, la pésée la plus haute, & la plus auantageuse, qu'ils se pourront figurer. Il faut donc, pour trouuer la fin & la perfectió de ceste figure, choquer la raison & les sés: & M. de B. qui met peine à nous faire voir qu'il s'accómode auec eux, au lieu de nous prouuer qu'il na point abusé d'elle, nous apprend qu'il n'en sçait pas bien vser. Car celuy qui en mentant, s'accommode aux sens & à la raison, demeure, comme nous auons demonstré, dans le terme du mensonge, & ne trouue de l'hyperbole, l'excellence ny la fin.

Ainsi le matelot, qui pour nous rendre l'armée des Anglois formidable, lors que nous luy demanderions combié ils ont de vaisseaux, nous respondroit, Ils en ont mille à la voile; ne trouueroit, ny son intention, ny la grace de l'hyperbole : car quoy qu'il mesprise la verité, il ne choque pas les sens, & nostre volonté, peut sans aucune sorte de resistance, embrasser ceste fausse proposition, auec la mesme facilité, que si elle estoit veritable. Il falloit donc, pour nous persuader vn nombre certain & cogneu, qu'il en dist vn incertain & incogneu. Que si à nostre demande, combien les Anglois ont de vaisseaux; il respódoit, plus que la mer n'a de vagues; il trouueroit só dessein, & nostre raison, qui ne peut souffrir son mésonge, accorderoit à son hyperbole, les forces d'vn puissant Roy. De là ie dy, Per. que le parfait Orateur doit porter ceste figure si auant, que la pensée mesme n'y puisse atteindre. Et tát s'en faut que ie blasme Isocrate, de l'auoir enchery sur tout ce qui se pésera iamais au delà des sens ; que si j'estois d'humeur de dire qu'il a esté plus excellent Orateur, que Ciceró, en ceste partie, ie le prouuerois par là. Car de mesme qu'à nos festes de village, celuy-là qui porte son saut si auát, qu'il ne peut

K iij

estre franchy par ceux qui sautent apres luy, emporte le prix & l'hó-neur de cest exercice : Ie dirois aussi qu'ayant mis son hyperbole à vn poinct, qu'elle ne peut estre égalée, il ne peut estre vaincu ; & qu'il a trouué tellement la perfection de ceste figure, qu'il a merité la gloire qu'en desire l'Orateur.

Apres auoir demonstré que nous ne sçaurions vser mal de l'hyperbole, en la portant bien auant, & prouué que M. de B. a tort de blasmer les Orateurs qui en ont mis là l'vsage; reste à faire voir que c'est en abuser, que de l'employer à tous propos, & à l'expression des choses de peu d'importance. Ie ne rapporteray pas icy l'authorité de ceux qui ont mesprisé ceste figure, & qui sont si austeres, qu'ils n'en veulent pas mesme souffrir l'vsage aux Historiens, & aux Orateurs. Ie n'affecte pas, comme M. de B. de faire voir que j'ay beaucoup leu, qui n'est pas chose fort difficile. Ie cherche seulement à prouuer mon fait, par la seule force de la raison. Ie dis aussi que s'il est vray (comme personne ne met en doute) que l'hyperbole soit la plus haute & la plus glorieuse figure de la Rhetorique; qui dira que l'Orateur ne doiue estre respectueux à ne l'employer qu'aux choses grandes & magnifiques ? Celuy qui ayãt vn Prince du sang pour amy, l'employeroit à demãder au Roy vne grace, ou quelque Gouuernement d'importance, ne raualleroit pas sa grandeur: mais s'il l'ẽployoit à la solicitation d'vn affaire du Chastelet, où il ne seroit question que d'vn simple defaut, ou d'vne

ordonnance d'vn Commiſſaire; n'eſt-il pas vray, Per. qu'il abuſe-roit de luy? Qu'Iſocrate donc par-
Fol. 132.
,, lât de l'appareil de guerre de Xer-
,, xes, défie tous les hommes du mó-
,, de, à conceuoir dás leur eſprit, des
,, hyperboles ſi extraordinaires,
,, qu'elles ne ſoient encore de beau-
,, coup moindres, que la verité de ce
qui s'en eſt paſſé. N'a-t'il pas raiſó? Pouuoit-il auec vne moindre pé-ſée, repreſenter vne armée, dont la ſimple deſcriptió iroit au delà des ſens de M. de B. & paſſeroit ſelon ſon iugement, dans la bouche du plus raiſonnable Orateur de la ter-re, pour vne hyperbole, qui offé-ſeroit la raiſon ? Que Ciceron iure
B. 253.
,, què Pompée a gaigné plus de
,, batailles, que les autres n'en ont
Fo. 136. acquis: qu'il a plus gaigné de Pro-
,, uinces, que les autres Capitaines,

deuant luy, n'auoient desiré d'en «
conquerir: qu'il a par sa vaillance, «
non seulement effacé la gloire des «
Capitaines de son téps, mais qu'il *Fol. 138.*
a surpassé tous ceux dont il est me- «
moire dás l'antiquité: qu'il ne có- «
traignite pas seulemét les amis & «
les ennemis du peuple Romain, *Fol. 139.*
mais encore les saisons, les vents, & «
les orages, à obeyr à ses volontez: «
qu'il le face amy des Dieux, jus- «
qu'à ce poinct, qu'il n'y ait hom- «
me si impudent, qui leur osast de- «
mander dás ses prieres plus secret- «
tes, autant de grandeur & de feli- «
cité, qu'ils en ont donné liberale- «
mét à ce diuin personnage: Et que «
M. de B. se tuë l'ame & le corps, à
nous dire de belles choses à la faueur de celles-cy: Ie veux bié pour
le payer du soin qu'il a pris à nous
plaire, aduoüer qu'il a raison: mais

Ciceron n'a pas tort : pouuoit-il moins dire, ayant à resister aux oppositions de Q. Catullus, & à soumettre à la gloire de Pompée, les merites de Cesar; Il fait resioüir les Temples à sa venuë, il essaye à les destacher de leurs fondemés, pour l'aller receuoir hors de la ville? Mais quoy ? il auoit à tirer le mesme Cesar, du cœur & de l'affectió du peuple, pour y mettre celui-cy. Que si ce qu'il dit de luy, est quelque chose digne d'vn Dieu, le profit qu'il en veut tirer, est-il l'ouurage d'vn homme? Ces hyperboles choquent les sens. Il est vray : mais leur brauade est d'autant plus raisonnable, que moins elles ont de raison ; & Ciceron qui n'en abuse pas, comme il ne s'en sert qu'aux choses rares, en vse aussi raremét: il est hardy à les esleuer, mais sobre à

l'Orateur François. 155

leur vsage. Que si M. de B. estoit dans mesme chaleur & pareille retenuë, Hortesius ne se moqueroit pas de luy, il ne se riroit pas de ce que pour descrire le seruice que luy fait vne chandelle de deux liards dans vne petite chambre, il ait cherché la force des superlatifs, pour ne se laisser point surmonter par sa matiere. Timanthes, de peur de ne representer la douleur d'Agamemnon, moindre qu'elle n'estoit, la laissa dans sa fantaisie, & n'osa l'en faire sortir. Mais M. de B. qui sçait trouuer les moyens capables d'esleuer sa pensée iusques à la hauteur de son subject, arrache le Soleil du Ciel, pour en faire vn peu de feu sur la terre. O la diminutió miraculeuse! Il eust eu meilleure grace, s'il eust logé sa chandelle au plus haut du Firmament;

B. 119.
"
"
"
"
"

& le Soleil, qui ne peut souffrir son mespris, eust veu d'vn œil amoureux, ceste nouuelle Comete.

Fol. 141. *Les hyperboles de raillerie de M. de B. sont beaucoup plus sobres & plus raisonnables, que celles que ie viens d'alleguer: mais quand il se met sur le serieux, & qu'il louë celuy qui deuroit déféder à tout autre qu'à M. de B. de le louër, voicy comme il s'en acquite. Les armées ayant esté défaites, &c.*

Quoy que la rencontre nous oblige à examiner les hyperboles de nostre Orateur, tu me pardonneras bien, Per. si ie ne touche à celles cy. Les fleurs les moins rares, depuis quelles sont à l'Autel, ne sont pas moins sacrées, que les fruits les plus precieux; & nous ne sçaurions, sans estre appellez prophanes, porter nos mains à celles-cy, si nous ne voulions à tant de belles choses redites, en adiouster de nouuelles, dignes du nouueau subject. Mais oserions-nous, Per. voir M. le Cardinal, auec les yeux du vulgaire ? Et l'oserions-nous loüer, à la façó des ignorás? Crois-tu que ces diuins personnages, qui ne sont viuans que par les inspirations que leur dóne la vertu, soiét fort satisfaits de se voir depeints dans vn Sonnet contraint, ou dás vne lettre affectée, auec les mesmes couleurs; que ces petits faiseurs de liures depeignirent de nostre temps, ces Estoilles mal asseurées, que la fortune esleua? Le vulgaire, qui ne sceut autresfois comprendre comme quoy vne nuë pouuoit receuoir & rendre la figure du Soleil, donna immediate-

ment à Dieu, cest œuure de la nature; il predit de ce pretendu miracle, l'euenement de quelque nouuelle puiſſance, & le changement
vniuerſel de l'Eſtat. Et l'ignorant,
qui ne ſe peut perſuader qu'õ puiſſe arriuer au gouuernement general des affaires, que par le ſort, ou
l'inclination naturelle du Prince;
qui croid en effet que les biens &
les honneurs de ce monde, ſont
d'ordinaire, ou l'heritage des ſots,
ou meſme la recompenſe du vice;
appelle la faueur & la fortune, les
ouurages de la vertu : il attend de
ceſte puiſſance, qu'il croid aueugle, le ſalaire & les recompenſes,
qu'en peuuent eſperer les ſages; &
ſans conſiderer que c'eſt faire tort
aux gens de bien, que de les loüer,
comme on loüe les vicieux, s'inge-

re indiscrettement à leur chanter des loüanges.

Mais, Per. Dieu qui choisit autresfois du milieu des arts mechaniques, de la pesche & du labourage, ceux entre les mains desquels il laissa les clefs du Royaume de son Pere; qui deuoient parler à la presence des Roys de la terre, & que nous verrós vn iour assis Iuges sur les lignées d'Israël; souffre auiourd'huy qu'ils soient esleus par les nominations ordinaires de l'Eglise, du pourpre, & des honneurs. Et nos Roys ne tirent pas tousiours de la lie & de la poussiere, ceux qu'ils esleuent aux grádes charges: ils prennent plaisir quelquesfois à suiure leurs mouuemés, & s'efforcent à rendre en quelque façon esgaux à leur puissance, ceux que les estoilles ont fait naistre pareils à leurs inclinatiós. Mais ils ne suiuét pas toufiours ceste passion des fens, ils souffrent que la vertu s'approche d'eux, & que le Demon de l'Estat, par des voyes diuines & cogneuës, admette visiblement au gouuernement general de leur Royaume, ceux qu'elle a instruits dés leur enfance, qu'elle a esleuez aux honneurs, & qu'elle a conseruez purs dans les tribulatiós & les joyes. Si bien que lors qu'il nous sera permis d'entrer discrettement dans la consideration des affectiós differétes de nostre Maistre, nous pourrons dire, Celuy-là ayma le Roy, & cestuy-cy la Royauté; Celuy-là fut pour le plaisir, & cestuy-cy pour l'vtilité; Les inclinations du Prince agrandirent celuy-là, & les raisós d'Estat ont mis entre les mains de cestuy-cy, la force

force & les interests du sceptre & de la couronne. Or, Per. comme la vertu & la fortune posent ce qui fait differer ces puissances esgalement esleuées, nous deuons estre religieux à faire en sorte que nos discours portent le caractere de pareille difference, lors que nous les louërons. Car de mesme que l'homme de bien ne veut pas seulement estre tel, mais veut viure encore de façon qu'il n'ayt pas la ressemblance de celuy qui ne l'est pas : Celuy aussi qui veut parler d'vn homme de vertu, en doit parler en tels termes, qu'il ne semble pas qu'il parle d'vn homme de la faueur. C'est ce que vouloit dire ce Sage, qui oyant loüer Alexandre à vn diseur de belles paroles, luy demanda, Mon amy, à quoy auez-vous recogneu qu'il fust si

L

vaillât & si genereux ? Il a, luy respódit l'Orateur, mis à son obeyssance les ennemis de Philippe, il a vaincu Darius, subiugué les Medes, forcé les Babyloniens, & s'est fait en l'age de tréte deux ans, de toutes les couronnes diuisées de la terre, vne seule toute à luy. Que ne disiez-vous cela ? repliqua le Philosophe : gardez ces lieux cómũs, & ces paroles choisies, pour ceux qui n'ont rien fait qui merite d'estre dit : mais du diuin Alexandre, racontez les faits & les armes, elles parleront pour luy. A l'imitation de ce Sage, demandons à M. de B. à quoy il a recogneu que Monseigneur le Cardinal fust si rare, qu'il fust de besoin que toute la nature trauaillast pour en faire vn pareil à luy : que Dieu le promit long-temps aux hommes, auant que le faire naistre ; & qu'il prophanast le mystere des Prophetes, pour dire cela de luy : pourquoy l'authorité des Roys n'est point si souueraine, que celle qu'il exerce sur l'ame de ceux qui l'escoutent: pourquoy vn esprit tout-puissant, qui est tousiours occupé aux grandes choses, & qui se delasse dans les communes: pourquoy la gloire du siecle: & pourquoy en fin, luy donne-t'il tant d'autres belles loüanges, que les moindres flateurs donnerét aux hómes moins vertueux? Pour peu qu'il ait estudié la vie de cest homme Illustre, il nous recitera tant de belles choses de luy, que nous serós obligez à dire, Que ne disiez-vous cela? Croyez-vous que la vanité de vos paroles puisse adiouster quelque chose à la gloire de ce diuin personnage? Gardez vos hyperboles raisonnables, & la force de vos superlatifs; pour ceux qui ne pouuans obliger la renommée à conseruer leur memoire dãs les cœurs des gens de bien, ont besoin de s'immortaliser dans l'or & la soye des lasches & des flateurs. Mais du grãd Cardinal de Richelieu, recitez les actions glorieuses, elles parleront pour luy. C'est ainsi que les Apostres louërent celuy que les choses insensibles loüent encore tous les iours: & c'est ainsi que nous le louërions encore, si le mesme qui ne voulut pas que l'on parlast en Ierusalem, durant sa vie, des choses qui s'estoient passées sur la montagne de Thabor, ne nous auoit appris que pour dire quelque chose de glorieux d'vn homme dessus la terre, il falloit attédre qu'il fust couronné de gloire de-

l'Orateur François. 165

dans le Ciel. Que Balzac donc pressé de l'appetit du benefice, ou de la pension, se haste à chanter le triomphe dans ceste vie mortelle, de celuy à qui les Anges preparét des couronnes eternelles apres la mort. Que le recit miraculeux de tant d'œuures paracheuées, le solicite & le tente: qu'il parle, ou qu'il escriue, muets nous admirerons. Mais quelque iour que nous pourrons parler, sans estre soupçonnez d'auarice, ou de flaterie, soit que le repos qu'il prendra icy bas le souffre, ou que Dieu vaincu de ses longues peines, luy donne celuy du Ciel, nous grauerons dans l'or & le marbre, les miracles de sa vie, nous encenserons son image sacrée, & dirons de luy, plus que la Grece & l'Italie: aussi vaut-il mieux seul, que iamais ne valu-

L iij

rent ensemble, ny les Latins, ny les Grecs.

B. 145.   Certainement d'estre loüé d'vn homme que nostre siecle oppose à toute l'antiquité, & sur la sagesse duquel, Dieu se pourroit reposer du gouuernement de toute la terre, c'est vne faueur que ie ne pouuois souhaitter, & que ie ne sçay si i'ay receuë, ou si j'ay songée. Mais s'il est vray que mes yeux ne me trompent point, & que ce soit vous qui me donniez vostre voix, qui a esté choisie de toute la France, pour porter ses prieres au Roy, & du Roy-mesme, pour porter ses commandemens dans les villes, & dans les armées, ie vous aduoüe, Monseigneur, que vous m'auez desia payé de tous les seruices que ie vous puis iamais rendre, & que ie suis ingrat, si ie me plains de ma fortune. En effect, puis que les biens & les honneurs de ce mõde, sont d'ordinaire, ou l'heritage des sots, ou mesme la recompense du vice, & qu'il n'y a que l'estime & la loüange, qui soient reseruées à la vertu, ne dois ie pas estre tres-satisfait, de receuoir de vostre bouche, le mesme prix que les conquerans attendent de leur victoire, &c?

Mais s'il est vray que mes yeux ne me trompent point, & que ce soit vous qui me donniez vostre voix, qui a esté choisie de toute la France, pour porter ses commandemens dans les villes & dans les armées.

Voila de grands honneurs: que si M. de B. les expose icy pour nous les faire remarquer en la persóne de Mõseigneur le Cardinal, par quelle voye veut-il que nous croyons qu'il les a receus, puis que les biens, & les honneurs de ce monde, sont

L iiij

d'ordinaire l'heritage des sots, ou mesme la recompense du vice? Ie sçay bien que ceste figure peut estre soustenuë: mais M. de B. aymera bien mieux passer en cest endroit, pour vn homme de peu de iugement, que pour vn malicieux.

Les Poëtes ont dépeint ceste Diuinité qui dispose des biens & des honneurs de ce monde, aueugle, inconstante & legere: ils l'ont appellée ingrate, & n'ōt pas craint de la comparer à la louue, qui dōne ses faueurs au plus laid. Mais s'il est vray que les Dieux nous ayent vendu toutes choses, par la sueur & la peine, croirons-nous qu'ils ayent mis entre les mains d'vn esprit pusillanime, les felicitez d'icy bas? C'est le propre des ames lasches, de tyranniser les foibles, & de faire joug aux forts. Comme quoy donc celle-cy resiste-t'elle aux desseins des habiles hommes, & cede à celuy des sots? Seroit-ce pas que ces mesmes Dieux, qui veulent que nous achetions par le trauail, le bon-heur de ceste vie, mirent les richesses & les honeurs qui nous le donnent, non pas à la disposition d'vne fortune inconsiderée, mais à la garde d'vn esprit fort & puissant? Nous courós tous à ces felicitez perissables, & le Demon qui les conserue, nous attend sur le passage, pour rompre nostre dessein. Les meschans qui marchét par cercles, ne vont pas à elle par le droit chemin, ils prennent les routes, ils suiuent les lieux couuerts, & rauissent ainsi, cóme des renards, & des loups, ces richesses desirées. Les hommes de bien, au contraire, soit qu'ils ne soient point rusez, ou qu'il ne le vueillét point estre, tiennent tousiours le grand chemin; aussi sont-ils rencontrez du Demó: mais par ce qu'il s'en trouue parmy eux, qui sont munis d'vne vertu si mediocre, qu'ils passent pour les sots du temps, luy qui côme vn lyon genereux, dédaigne le combat des foibles, se grossit de colere & de rage, contre les plus vertueux; il les assaut, il les cóbat, il les abat, il les chasse; ils prennent cœur, ils reuiennent, mais le Demon tousiours plus fort, repousse leur violence. Les sots cependant font chemin, & se trouuent auec les meschans, à posseder les honneurs, les dignitez & les charges. M. de B. qui fait vanité de s'esloigner des opinions des Anciens, me pourroit bien auoir suiuy iusque là : mais il n'a pas veu qu'il se *l'Orateur François.* 171

trouue des Hercules, qui surmontent les lyons, & vont si auant dās les voyes des grandes felicitez, qu'on ne peut aller au delà.

Si quelqu'vn me condamne pour 2. 156. *cela, il me suffit de n'estre pas de son aduis ; & au pis aller, i'en appelle à M. le Cardinal de Richelieu, de l'approbation duquel ie fais plus d'estat, que de la faueur des peuples, & de l'applaudissement des theatres. Il y a long-temps que i' ay appris de luy, que i'auois passé les autres, sans excepter mesmes ceux-là qui ont voulu aspirer à la tyrannie, & vsurper sur les esprits vne authorité plus absoluë, que celle des loix & de la raison. Et puis que cela est, ie ferois tort à ce grand personnage, sur les léures duquel Dieu a mis la verité que nous cherchons, aussi bien que l'Eloquence que nous croyons tous auoir, si ie* me departois de son opinion, pour m'arrester à ce que disent trois ou quatre faiseurs de Romans, qui ne sçauroient rien dire que des fables.

Il n'y a pas long-temps que Damon & Tyrene, nos communs amis, cherchans à m'esloigner du souuenir de ma fiéure, me menerent insensiblement à l'Hospital des enfermez : nous trouuasmes à l'entrée vn homme vestu de noir, d'assez bonne façon ; dessous vn mâteau lóg, il auoit vn saye court, ceint d'vne ceinture de cuir, sa fraise estoit fort petite, sa barbe fort longue & fort large, & son chapeau fort spacieux. Nº creusmes d'abord que c'estoit le maistre des fols, & ne fusmes point trompez : aussi nous approchant auec vne contenance graue, & vn visage reposé, il nous dit: Messieurs, il ne faut pas estre grād physiognomiste, pour deuiner le subject qui vous ameine en ce lieu: Les Philosophes y sont attirez, pour y considerer le desordre qu'apporte à nos ames, l'indisposition du corps: Les personnes contemplatiues y trouuent à mediter, & de la folie des hommes, s'esleuent auecque crainte, à la sagesse de Dieu: Les amoureux du prochain y viennēt exercer les œuures de charité: Et les hommes de vostre age, cherchent à s'y diuertir: Ie ne faciliteray pas peu vostre dessein, si vous agréez ma compagnie. Nous le receusmes auec honneur, & n'oubliasmes rien à luy dire, pour l'obliger à satisfaire à nostre curiosité. Aussi vaincu de nos belles paroles, il reprit la sienne ainsi.

Messieurs, la plus-part de ceux que vous voyez icy enfermez, n'ont pas l'imagination blessée en toutes ses parties, ils manquent en vn poinct seulemét, & ont cela de commun auec le reste des hómes libres, qu'ils cognoissent bien les maladies d'autruy, quoy qu'ils máquent de cognoissance pour les leurs particulieres. Celuy-là que vous voyez qui tient sa teste auecque ses mains, s'imagine qu'elle est de verre. Celuy qui le suit tastonnant du baston qu'il porte en sa main, croid son nez si gros & si long, que pour le conseruer des rencontres qu'il craint, il le met souuent en escharpe. Ce Ministre presche qu'il est Dieu le Pere: Et ce Prestre qui croid estre Dieu le Fils, s'est tellement imaginé que le Ministre est l'Antechrist, qu'il no⁹

dit les plus belles choses du móde, sur la fin de ce dernier temps. En voila vn qui est bien en peine, & ne sçait s'il se doit resoudre à estre Pape, ou à espouser la Reyne mere du Roy. Voila la Reyne de Crete, & voicy la Princesse de Portugal. Cest honneste personnage continuoit ainsi à nous faire admirer les maladies inégales de ces esprits differens, lors qu'vn d'entre eux mónté sur vn baston blanc, le móstrant au doigt, luy dit, Dieu te gard, Galien : Et à toy Hippocrate, continua celuy qui le suiuoit, auec vn foüet à la main. Nostre homme qui s'estoit maintenu iusque-là, changea en telle sorte de visage, & se découurit à ce poinct, que nous sommes encore en peine, & ne sçauons pas s'il ne s'estoit point seruy d'vn masque, afin de nous abuser. Aussi enfonçant son chapeau, frappant du pied la terre, & les menaçant de la main, il nous dit: Voyez, Messieurs, la temerité de ces fols: par ce que ie fais profession d'vne medecine nouuelle, que ie fais vanité d'en faire des leçons, & d'en prattiquer les remedes; ils m'appellent Hippocrate & Galien: voulans dire de là, que c'est de ces grands personnages, que ie tiens la gloire de mes inuentions.

A la verité ie ne mesprise, ny Hippocrate, ny Galien, mais aussi ne les estimay-je pas tant, que i'en vueille faire mon exemple. Il y a lóg-temps que i'ay appris des plus rares hommes de nostre téps, que j'auois passé les autres, sans excepter mesme ceux qui ont voulu aspirer à la tyrannie, & vsurper sur les choses qui seruent d'object à nostre

B.79.

B.159.

« nostre art, vne authorité plus ab-
« soluë que celle de la nature, & du
Ciel. Ie sçay bien que la Medecine a eu son commencement & ses
progrés ; Apollon fut le premier
qui la tira des Cieux, Esculape la
fit adorer à la terre, Chiron en de-
couurit les secrets, Machaon &
Podalirius en prattiquerent l'vsage, & Hippocrate & Galien furét
les premiers qui redigerent en
art, leurs cognoissances secrettes.
« Ie sçay de plus, qu'il a esté bien dif-
« ficile que ceux qui en ont parlé
« apres eux, n'ayent desrobé leurs
« maximes, & imité leurs remedes,
pour s'acquerir de l'honneur. Il 3. 28.
« n'y a que deux voyes pour les es-
« prits mediocres, par lesquelles ils
« puissent paruenir à quelque perfe-
« ction de cest art, le larrecin, & l'i-
« mitation. Mais il reste aux esprits

M

„ heroïques & releuez, vn troisief-
„ me moyen, qui n'est pas seulemét
„ cogneu du commun des Mede-
„ cins, qui est l'emulation, au moyé
„ de laquelle, éuitant le blasme du
„ vol, & la seruitude de l'imitation,
„ vn rare esprit s'esleue au dessus des
„ autres, & surmonte quelquesfois
„ son propre exemple. Ainsi en ma-
„ tiere de vers, Virgile abandonnát
„ son Homere & son Apollonius,
„ & se laissant guider simplement à
„ son genie, a esté bien plus loin
„ qu'eux, & a paru incontinent à la
„ teste de ceux qu'il suiuoit au com-
„ mencement. Ce que ie puis dire
„ aussi de moy, en matiere de Mede-
2. 29. cine : car lors que ie m'esloigne le
„ plus de la methode des Anciens,
„ ce que ie fais presque tousiours,
„ i'inspire à la miéne, vne vertu for-
„ te, puissante, & miraculeuse. Ie

sçay bien qu'il n'est rien de si difficile, que de traitter auec quelque
loüange, les maladies qui ont esté
traittées par vne infinité d'esprits
differens: & il est presque impossible d'aborder vn lieu frequenté,
sans se rencontrer en la route de
quelqu'vn. Mais pour éuiter ce
malheur, & me pouuoir vanter
auec iuste tiltre, d'estre le pere &
le createur de mon art; car comme
la creation se fait du neant à quelque chose, ie me suis escarté le plus
souuent, & presque ordinairemét,
du chémin batu des Anciens, pour
aller chercher vne matiere premiere, & vne forme nouuelle, auec
lesquelles j'ay composé ceste Medecine, qui est toute à moy, & qui
peut estre admirée entre les inuentions de ces derniers temps, aussi
bien que l'Impression, & que l'Ar-

tillerie. Que Mithridates se vante de son excellête composition, que la confection d'Alchermes amuse les esprits les plus rares; ie ne cherche pas dans la vertu des plantes, ou des mineraux, qu'ils ont mis à leur vsage; la perfection de mes secrets. I'ay trouué le moyen d'espurer les elemens, j'en tire la quinteessence: Et par ce que de leurs quatre premieres qualitez, la nature a fait & formé tout ce qui est tôbé dans la consideration de nostre art, & que le plus ou le moins de ces mesmes qualitez, rend ces mesmes choses plus ou moins propres à la guerison de nos maladies; ie mesle ces essences, en telle sorte que ce que les estoilles ont donné aux corps sublunaires, à certain degré; ie le dóne à mes compositiós, en excellence. Ainsi ie prens comme de la source, ce que les autres n'ót puisé que des ruisseaux; & accommode à l'vsage de nos sens, ce « qui n'estoit pas tombé dans la cō- « sideration la plus curieuse de leur « esprit. C'est aussi le propre du sou- « uerain Medecin, d'agir contre les « maux qui oppriment la nature, « par des remedes plus puissás qu'el- « le, ie veux dire surnaturels, & mi- « raculeux. Il faut neantmoins bien prendre garde, que pour des cho- « ses extraordinaires, on ne debite « des bagatelles, & qu'au lieu d'agir « en Amphilochus, comme dit le « Poëte, parlant de moy, on n'agisse « en Tabarin, comme font la plus- « part de nos Medecins. En verité c'est vne chose bien estrange, que « ces grands personnages, qui ont « esté nourris toute leur vie auec « tous les perroquets & les singes «

B. 100.

B. 101.

,, des escoles, & qui ne sõt pas moins
,, de l'Vniuersité de ceste ville, que
,, la robbe de Rabelaïs, de celle de
,, Montpellier, n'ayent point appris
,, dans leurs secrettes disputes, à co-
,, gnoistre & traitter les maladies,
B. 101. auecque raison. Toutesfois ils me-
,, ritent quelque excuse, puis qu'en
,, cela ils ont imité les Anciens, &
,, que deuant eux, il y a eu des fols de
,, mesme espece, tels que peuuẽt en-
,, core estre les Charlatans du Pont
,, neuf. Ils ne restent pourtant pas de
,, debiter leur marchandise, & de
,, trouuer des esprits capables de se
,, laisser abuser à leurs fausses subtili-
,, tez, à leurs sottises estudiées, & à
,, leurs compositions contraires aux
,, bonnes. Mais l'experience, qui est
,, la maistresse des arts, descouure
,, leur erreur, & ma suffisance: Et

ceux qui sont venus à moy, pour « consulter leurs maladies, rendent « tesmoignage de mes remedes, qui « ont cela de commun auec la man- « ne de nos Peres, qu'ils s'accom- « modent à toute sorte de gousts: ils « font de l'hipocras à la bouche des « vieux Suisses, & de l'eau rose à cel- « le des ieunes enfãs : leur vertu, qui « n'agit que contre le mal, suit telle- « ment l'intention de ceux qui en « vsent, que mes preseruatifs les « plus vigoureux, peuuent seruir de « pómade tres-delicate, pour le vi- « sage des femmes, & mes huiles les « plus doux, de bolus tres-purgatifs, « pour l'humeur noire des Philoso- « phes. Celuy qui en a, & qui en « sçait seulement l'vsage, se peut ap- « peller sçauant, & l'application en « est tellement aysée, que ce que j'ay « peu seul trouuer, tout le peuple le «

B. 163.

B. 168.

„ peut entendre. Ie ne fors pourtāt
„ pas de l'vfage commun, quoy
„ que ie ne me ferue de rien, que
„ de particulier & de rare : mais
„ comme dans la terre que nous
habitons, vn homme, de la me-
„ moire de nos Peres, en a trouué
„ vne autre toute pleine d'or & de
„ pierres precieufes, qui ne laiffoit
„ pas d'eftre la noftre, bien qu'elle
„ nous fuft cachée : auffi il faut cō-
„ feffer que dans l'eftenduë des
„ chofes naturelles, j'ay découuert
„ mille nouuelles vertus, que nous
„ ne penfions pas qu'elles euffent;
„ & môftré, peut eftre, qu'vne des
„ plus belles parties de la Medeci-
„ ne n'auoit point efté cogneuë.
„ Noftre art auoit biē deuāt moy,
„ quelque grace pour fecourir la
„ nature, & guerir le mal : mais ie
„ luy ay donné le premier, la force

B. 169.

de mettre à neant le mal, & re- "B. 170.
faire la nature. On a peu voir "
quelque prattique semblable à "
celle de Chiron ou de Galien, "
mais le secret de Medée nous "
manquoit; & la corruption de "
nostre siecle demandoit des re- "
medes plus vigoureux que les "
ordinaires, pour rappeller la ieu- "
nesse, & resusciter les morts. "

I'ay de si puissans tesmoigna- "
ges de ces veritez, que ie ne "
crains pas de les publier moy- "
mesme; & m'importe fort peu, "
que ceux que ma gloire irrite, "B. 166.
s'escrient hors de propos, que ie "
mesprise tout ce qui n'est pas de "
moy, & que mon merite est le "
seul object de mon estime. Pour "
moy ie ne sçaurois m'imaginer "
que nous soyons obligez, ny de "
louër le vice, quand il est en au- "

„ truy, ny de ne louër pas la vertu,
„ quand elle est en nous. Il faut
B. 368. prattiquer le sens de ce fameux
„ Oracle, *Cognois toy toy-mesme.*
„ Les Oracles ont plusieurs visa-
„ ges, & ceux qui ont creu qu'A-
„ pollon nous conseilloit de nous
„ regarder incessammét par la pi-
„ re partie de nous-mesme, ne l'ót
„ pas bien entédu : Il ne nous a pas
„ tant ordóné de nous cognoistre
„ pour abbaisser nostre arrogáce,
„ que pour releuer nostre coura-
„ ge, & nous obliger de faire estat
„ des bonne qualitez que nous
B. 369. auons. Que le grand Alexan-
„ dre se louë donc de sçauoir vain-
„ cre ses ennemis : que Socrate ne
„ craigne point de dire qu'il a de
„ la vertu : que Ciceron se vante de
„ son Eloquence : & qu'on souffre
„ que ie recognoisse les auantages

que Dieu m'a donnez, que j'en "
difcoure, que ie les prefche & "
publie, de peur que ce mefme "
Dieu ne m'accufe vn iour d'in- B.370.
gratitude, & ne me blafme d'a- "
uoir, comme vn larron, poffedé "
les richeffes qu'il ma commifes. "
Vn des principaux effects de la "
magnanimité, côfifte en vne ge- "
nereufe & libre declaratiô de ce "
que nous fommes : c'eft par elle, "
que nous nous faifons iuftice, B. 371.
que nous nous regardons, com- "
me vne perfonne tierce, & que "
j'ay peu parler auantageufemét "
de mon merite. Et certes, ce ne "
feroit pas la raifon, que moy qui "
dône la vie à toute forte de per- "
fonnes, par la force de mes re- "
medes, ne la donnaffe pas à ma "
memoire, par celle de mon dif- "
cours. Que s'il eftoit abfolument "

„ vray que le tesmoignage de no-
„ stre conscience doit estre secret,
„ & que nos loüanges ne dôiuent
„ iamais sortir de nostre bouche;
„ ces grands Heros de l'ancienne
„ Rome, exaltás leurs victoires sur
„ la Tribune, auront esté presom-
„ ptueux: le plus sage des hommes
„ aura donc eu de la vanité lors
„ qu'il a dit qu'il meritoit d'estre
„ nourry aux despens du public,
„ dans le Prytanée: Euripide aura
„ esté vain, lors qu'il dit en plein
„ Theatre, qu'il faisoit profes-
„ sion d'enseigner, & non pas
„ d'apprendre. Il y a, sans doute,
„ des occasions où il est per-
„ mis à la vertu de se louër soy-
„ mesme, quand ce ne seroit que
„ pour chastier l'enuie, ou pour se
„ payer de ses propres mains. Car
„ ainsi le vice qui luy rauit ordi-

nairement toutes ses autres recō- "
penses, est bien en peine de luy "
desrober celle-cy, qui ne couste "
rien à personne, & qu'elle prend "
de son creu. D'ailleurs, il n'est pas
seulemēt pardonnable, mais ne- "
cessaire, à ceux qui valent beau- "
coup, de ne s'estimer pas peu. Et
si la mesme estoille qui destina "
certains personnages à faire des "
choses extraordinaires, ne leur "
eust inspiré vne certaine confiā- "
ce d'eux-mesmes, pour leur don- "
ner la hardiesse de les entrepren- "
dre, le mōde n'auroit eu, ny d'A- "
lexandres, ny d'Aristotes, ny de "
Demosthenes: ils se fussent estō- "
nez à la rencontre de tant de dif- "
ficultez qu'ils surmonterent, & "
n'eussent surpassé, comme ils ont "
fait, l'exemple de leurs predeces- "
seurs, & leurs propres esperances. "

B. 374.

B. 375.

B. 376. „ Les hommes rares doiuét donc
„ s'esleuer au dessus des opinions
„ populaires : ils peuuent dire par
„ franchise, ce que les autres disent
„ par vanité : ce n'est pas pour eux,
„ que les loix de nostre bien-sean-
„ ce ont esté faittes. Archimede

B. 376. transporté d'ayse, pour auoir
„ trouué vne chetiue demonstra-
„ tion, courut bien tout nud dans
„ la ville de Syracuse. Vn Orateur
„ troqua la liberté d'vn esclaue,
„ auec la grace de trois mots. He-
„ liodore prefera vne fable, à son
„ Euesché. Et Dieu mesme prend
„ plaisir à ce qu'il fait, & se res-
„ joüit en ses ouurages. Pour nous
„ autres Philosophes, il est certain
„ que l'amour que nous auós pour

B. 377. la verité, contraint nostre esprit
„ à s'applaudir, à mesure qu'il l'a
„ trouuée; preuenant ainsi l'admi=

ration generale, par vne com- "
plaisance particuliere. Et à n'en "
point mentir, puis que l'ame re- "
çoit du plaisir de tous les sens ex- "
terieurs, & jouït du contente- "
ment du corps; il ne seroit pas iu- "
ste qu'elle conseruast en elle- "
mesme, les siens propres, & que "
de ses plus subtiles & eminentes "
operations, il n'arriuast iusques "
à eux, que le trauail & la peine. "
I'adjouste que puis que les cho- "
ses parfaittes se fôt plus ou moins "
admirer, à mesure que ceux qui "
les voyent, cognoissent plus ou "
moins leur perfection; il semble "
que les excellens ouuriers sont "
d'autant plus obligez à louër ce "
qu'ils font, qu'il n'y a gueres "
qu'eux seuls, qui en sçachent la "
valeur, & en puissent estre les "
vrays Iuges. Si bié qu'ayāt moy "

B.377.

B.378.

» seuls la cognoissance de l'excel-
» lence de mes remedes, ie ne dois
» pas attrédre leur loüange, & ma
» gloire, de la voix des ignorans:
» mon opinion doit seruir de rei-
B. 379. gle aux peuples, c'est à moy à
» leur declarer ce qu'ils doiuent
» croire de moy-mesme, afin qu'ils
» ne faillent pas. Si vn Mathemati-
B. 380. cien ne vouloit pas dire ce qu'il
» penseroit de la force des demon-
» stratiós qu'il auroit faittes, & de
» la verité de ses opinions ; il ne
» resoudroit les esprits qu'à demy,
» & laisseroit dans les doutes, ceux
» qu'il auroit tirez de l'erreur. Il ne
B. 380. faut pas abádonner les hommes
» à leur propre sens, & si ie ne leur
» auois dit que j'ay trouué ce que
» quelques-vns cherchoiét deuát
» moy, force gens s'imagineroiét
» que la Medecine ne seroit autre
chose

chose qu'vne facilité d'abuser "
des remedes, & qu'Hippocrate "
& Galien seroient les bons Au- "
theurs de nostre art. "

Pour mettre fin à ce long dis- B. 382.
cours, veut-on que ie mente, à "
cause que ie ne puis dire la verité "
qu'à mon auantage ? Veut-on "
que i'agisse directement contre "
ma consciéce, & que ie face vne "
action d'iniustice, pour en faire "
vne d'humilité ? Ne veut-on "
point que ie suiue l'opinion des "
sages, & que i'acquiesce au iuge- "
ment qu'ont fait de moy, les plus "
grands hommes de la Chrestien- "
té? Car il est vray que Monsieur "
du Laurent, quelques mois auāt "
sa mort, oyant parler de mes cu- "
res, & voyant de mes composi- "
tions & de mes escrits, en fut "
estonné, & dit que si les progrés "

N

„ de ma science respondoient à de
„ si grands commencemens, ie se-
„ rois bien-tost le maistre des au-
„ tres. Feu Monsieur Heroüart
„ m'a aussi grandement estimé:
„ deux autres fameux Medecins
„ m'estiment encore. M. Ranchin
„ Chancelier de la fameuse Vni-
„ uersité de Mótpellier, ne peut se
„ lasser de me louër, & de la mes-
„ me bouche qu'il définit, & le
„ mal, & le remede, qu'il guerit les
„ malades, qu'il conserue les sains,
„ qu'il fait admirer à tout le mon-
„ de sa science, il euangelise la mié-

B. 382.

„ ne. Sans mentir il faudroit auoir
„ perdu le sentiment, pour n'en
„ auoir point, d'vne approbation
„ si glorieuse ; & ie serois ennemy
„ de la nature, si ie ne me croyois
„ immortel, apres le tesmoignage
„ qu'ont rendu de moy, des hom-

mes capables de donner la vie "
aux choses inanimées. Qu'on ne "
trouue donc point estrange, si ie "
me louë, puis que j'ay tant de rai- "
son de le faire: qu'on souffre que "
ie me die le vray œconome, & le "
iuste distributeur des secrets de "
la nature, le pere & le createur "
de mon art, le Medecin Fran- "
çois, le Dieu de la Medecine. Si   B. 156.
quelqu'vn me condamne pour "
cela, il me suffit de n'estre pas de "
son aduis; & au pis aller, j'en ap- "
pelle deuant Monsieur Bouuart, "
de l'approbation duquel ie fais "
plus d'estat, que de la faueur des "
peuples, & de l'applaudissement "
des Theatres. Il y a long-temps "
que j'ay appris de luy, qu'il estoit "
bien facile d'estre fort gråd Me- "
decin, & fort au dessous de moy. "
Et puis que cela est, ie ferois tort "

N ij

„ à ce grand personnage, sur les lé-
„ ures duquel, Dieu a mis la verité
„ que nous cherchons, aussi bié que
„ le secret de la Medecine que nous
„ croyons tous auoir, si ie me dépar-
„ tois de son opinion, pour m'arre-
„ ster à ce que disent trois ou quatre
„ esprits esgarez, qui ne sçauroient
„ dire que des folies.

 Il dit, & releuant le bord de son chapeau, & frappât des mains, il nous quitta, auec des démarches si extrauagantes, que nous en demeurasmes confus. Lors Damon prenant la parole, Certes, dit-il, ie croy que cest homme est fol. En doutez-vo⁹, luy dy-je? Il dit pourtant de si belles choses, continua-t'il, & s'en sert de si bonne grace, que ie n'ose le condamner. Vrayment, repartit Tyrene, si tout ce qui est beau estoit tousiours loüable, & si nous ne pouuions conuaincre de crime, que ce qui manque de bóne grace, ainsi que d'humanité ; nous ne trouuerions, ny loy, ny supplice, pour celuy qui tuëroit son amy auec vne espée dorée, ou qui luy donneroit la ciguë dans vne tasse d'argent. Mais comme nous ne resteriós pas d'appeller cruel, celuy qui feroit mourir l'innocét, sous le faix des pierres precieuses ; ne craignons pas aussi d'appeller insensé, Amphilochus, qui sous de belles paroles, enseuelit sa raison. Les habits hors de l'vsage, quelque clincant, & quelque broderie, qui les enrichisse, ne laissent pas d'estre extrauagans & desaprouuez : Et les opiniós contraires au sens commun, quelque esclat, & quelque majesté de paroles, qui les anime, n'ont, au iuge-

N iij

ment des sages, ny lumiere, ny raison. Ainsi discouroit Tyrene, & nous approchans tous ensemble de la porte, car il estoit desia tard, nous demandasmes au portier, qui estoit cest Amphilochus, qui auoit parlé à nous. Messieurs, nous dit-il, c'est vn Empirique, qui a passé tout vn temps pour tres-experimenté, mais quelques Poëtes ayás loüé dans quelques vnes de leurs Odes, l'excellence de ses remedes, par ce (peut estre) qu'il auoit loüé leurs vers, il commença à parler de soy, auec tant de vanité, qu'il en perdit la bienfeance. Du depuis, ayant donné à certains personnages de nostre temps, quelques petits preseruatifs, auec lesquels il les doit garder de la mort, il s'est tellemét desbauché l'esprit, soit qu'il fust dás le penchant de sa perte, ou que les loüanges que le compliment a tirées de la bouche de ces sages, ayent comme des Ardans, fait esgarer sa raison, que les Professeurs en Medecine de ceste ville, ont esté contrains de luy défendre l'vsage de ses remedes, & de l'enfermer icy. Vrayment, cótinua Tyrene, si Sanson eut bonne grace à dire, apres auoir trouué du miel dás la bouche d'vn lyon, que du fort estoit sortie la douceur, Amphilochus ne l'aura pas mauuaise, quand il dira que de la bouche du sage, il a tiré sa folie. Nous sortismes, & ce pédant que ie m'amusois à contenter le portier, le mesme Tyrene amassant vne pierre blanche, escriuit sur la porte de l'Hospital, A Amphilochus l'Empirique, salut au corps & à l'esprit. Qu'escriuez-vous là, luy dis-je? Ce que Philippe escriuit à vn certain Empirique de son temps, qui s'estant imaginé, comme Amphilochus, qu'il estoit vn grand personnage, se fit appeller le Dieu de son art. La maladie, dis-je, n'est donc pas plus nouuelle que la science. Elle est si peu nouuelle, continuat'il, que i'oserois dire qu'elle est attachée, & comme née, nõ pas seulemét auec la Medecine, mais auec tous les autres arts. L'esprit s'altere par l'occupation, comme le fer en allant ; & si vne estude continuë fait rencontre d'vn esprit melancholique, qui pour auoir moins d'humidité, roule auec plus de peine, les images qu'il se fait, il est bié difficile qu'il ne le desseiche à ce poinct, qu'il en perde la raison. I'ay veu en Italie vn Peintre, qui s'estoit tellement imaginé qu'il estoit le Dieu de la peinture, qu'il ne vouloit pas souffrir qu'on l'appellast par son nom: aussi alloit-on plustost à sa boutique pour ouïr ses vanitez, que pour y voir ses ouurages, qui ne restoient pas d'estre beaux. Pourquoy donc (dit Damon, qui auoit pris plaisir aux vanitez d'Amphilochus) croyoit-on qu'il estoit fol? Par ce qu'il disoit des choses si esloignées du sens cómun, qu'il eust fallu n'en auoir point, pour le croire sage. Mais vous dittes, continua Damon, que son trauail estoit beau. Il est vray, mais ie ne vous ay pas encore dit qu'il fust raisonnable: Il auoit cela donc, afin que ie m'explique, qu'il se seruoit de tres-belles couleurs, & les mesloit si heureusement, que son colory en estoit parfaittement agreable: il estoit si riãt & si doux, que ceux qui n'auoient des yeux que pour la volupté, s'en retournoient le plus souuét de chez luy, sans auoir remarqué aucun defaut au moindre de ses tableaux : Mais les hommes d'esprit, qui plus curieux, cherchoient dans l'esclat de ce ie ne sçay quoy, les proportions necessaires pour vn ouurage parfait, y trouuoient de si grands mâquemens, & si peu de ce que les Peintres appellent de bon, que ce qui auoit paru beau, n'estoit plus que ridicule. La plus belle de ses figures auoit tousiours quelque bras démis, ou quelque iambe rópuë ; & ses tableaux entiers, qui portoient tousiours quelque marque de sa vanité, estoient si peu raisonnables, que s'ils eussent esté aussi dágereux à ceux qui en achetoient, que les remedes d'Amphilochus, on n'eust pas eu moins de soin du Peintre, qu'on a eu du Medecin. A vostre dire, dit Damon, tous les artisans qui ne pourront pas paruenir à la perfectió de leur art, feront taxez de folie. Ils ne seront pas fols pour cela (repartit Tyrene) mais à tous ces Dieux artistes & scientifiques, ainsi cóme à Amphilochus, salut au corps & à l'esprit: Adieu Damon. Et ainsi se separant de nous, qui nous separasmes aussi; il laissa Damon à moitié en colere, qui ne vouloit pas croire qu'Amphilochus fust fol, ny moy que Damon soit bien sage, s'il en doute plus long-temps.

Mais il est desia temps que ie reuienne à M. de B. qui ne veut point pardonner à Ciceron, qui luy demande la vie.

B. 157.   Il faut retourner au college, & mõ-
stre que nous n'auõs pas oublié nostre
Cicerõ. Nous auons desia veu qu'il ne
sçait pas flatter delicatemẽt, voyons
s'il me sdit de meilleure grace. En l'O-
B. 158.   raison de Auruspicum responsis,
parlant de Clodius, il tient vn tel
discours, que i'ay accommodé à nc-
stre forme de viure, & à l'vsage de
Paris, sans toutesfois rien alterer du
sens, ny de la substance du passage:
Cic.   Qui est le soldat, qui a iamais violé
auec moins de respect, le camp des ennemis, que celuy-cy a soüillé toutes les
parties de son corps? Y eut-il iamais
bac sur vne riuiere, si commun & si
foulé de tout le monde, qu'a esté la
ieunesse de cest honneste homme? Iamais les Poëtes, auecque toutes leurs
fictions, ont-ils peu representer vne
Charybde si profonde & si auide,
qu'elle peust engloutir autant de va-

l'Orateur François. 205
gues, que Clodius a deuoré d'orphelins & de vefues? Ont-ils iamais figuré vne Scylle auec des chiens plus monſtrueux & plus affamez, que Clodius a de debauchez à ſa ſuite, capables d'aualler le Chaſtelet-meſme, & la vallée de Miſere, auec toutes les boucheries & les roſtiſſeries des enuirons?

Tu peux voir icy, Per. de combien nos habitudes ſont plus fortes, que nos reſolutions. M. de B. n'a pour principal deſſein de ſon Apologie, qu'à nous prouuer qu'il ne ſe ſert pas des paſſages des Anciens. Il a fait iuſques icy, ce qu'il a peu, pour nous couurir l'artifice auec lequel il déguiſe ſes larrecins: & toutesfois n'ayant en particulier autre intétion en ceſt endroit, que de nous traduire vne meſdiſance de Ciceron, il nous découure son art. La fable dit que Iupiter trouua bon autresfois, qu'vne chate prist la figure d'vne femme; elle passa quelque temps pour ce qu'elle sembloit estre, mais vn iour, comme elle estoit à filer, vne souris trauersant la chambre, luy fit quitter la quenoüille, & suiure son naturel. M. de B. en a fait de mesme, il s'estoit côtraint iusques icy, mais ayant à mettre du Latin en François, quelque resolution qu'il eust de le laisser à Ciceron, il ne s'est peu défendre de se seruir de l'addresse qu'il prattique lors qu'il le veut faire sien. *Capables d'aualler le Chastelet, & la vallée de Misere, auec toutes les rostisseries des enuirons.* S'il n'auoit dit que ce passage est de Ciceron, nous ne l'aurions iamais creu, n'y ayant pas apparence que Ciceron eust parlé de son temps dans Rome, des choses qu'on remarque du nostre, dedans Paris.

Ie n'apporte point de si mauuais exemples, pour excuser M. de B. qui ne s'en propose que de bons, &c. B. 161.

Il parle d'Isocrate & de Ciceron, à l'approbation desquels il a donné deux visages, qu'il tourne comme vne medaille, qu'il tiendroit entre ses mains, du bon ou du mauuais endroit, selon qu'il croid que l'vn ou l'autre peut seruir à sa maladie, ou à sa défense. *Le vice n'est pas vne des nouueautez de nostre siecle, on commence à faillir depuis le commencement du monde, & les sacrileges ont des exemples dãs l'antiquité, aussi bien que les hyperboles vicieuses,* dit-il, lors qu'il considere Isocrate & Ciceron, comme les objects de só enuie, & qu'il
B. 161.

veut fouler leur gloire, & démentir l'approbatió generale des peuples & des bons esprits. Mais lors qu'il vient à considerer Hortensius, & les reproches qu'il luy fait, tournant la medaille, il continuë:

B. 162. *Mais aussi m'aduouëra-t'on, que dās la mesme antiquité, il s'en trouue de tres-excellentes, & de Ciceron, & de ceux qui sont les plus proches de son temps, lesquelles confirment la verité de ma proposition.* Et puis reuenant à son erreur: *Car i'aduouëray que M. de B. a tort, si l'on me mō-*
B.164. *stre dans toutes ses œuures, la moindre des libertez que se sont donnees le plus religieux des Grecs, & le plus eloquent des Romains.* Et incontinent apres, se voulant fortifier de l'authorité des personnes approu-
B.164. uées: *Ie n'estime donc pas qu'il soit necessaire d'employer dauantage de temps*

temps à défendre vn coulpable, dont les crimes sont les vertus des Anciés, & qui a pour complices du mal qu'il a fait, Ciceron & Isocrate.

As tu iamais rien veu de si inégal? Il veut que nous condamniós les hyberboles d'Isocrate & de Ciceron, & n'a que leur authorité, pour persuader les siennes.

La plus-part des liures vieux & nouueaux, &c. B. 165.

Amuse toy, si tu veux, Per. apres ces belles vanitez, remply ton esprit en les lisant, de mille belles & agreables images, trouue vne grande bibliotheque dans vn petit liure, auouë-le auecque M. de B. & dy comme luy, qu'on en peut faire des lieux communs aussi gros qu'il est, qu'vn hóme en le lisant, peut dire auoir leu Ciceron, Seneque, Tacite, Paul Ioue, Plutarque, B. 166.

& ce que l'escole lit: adiouste à cela, que sans s'amuser à l'estude des langues, il peut dire auoir leu du Grec, du Latin, de l'Italien, de l'Anglois, & du Gascó; si tu veux, souffre que la lumiere de ces belles choses refléchisse dans ton esprit: Pour moy, qui ne vis pas de fleurs, & qui ne les estime que pour les fruits qu'elles deuácent, il faut que ie voye si celuy que celles-cy nous promettent, aura le goust aussi bon, qu'elles nous paroissent belles.

B.168.

Nous auions peu voir quelque style semblable à celuy de Nestor, ou à celuy de Menelaüs: mais le style d'Vlisse nous manquoit, & les grandes matieres demandoient vne plus grande Eloquence que la nostre.

B.170.

Nous, serions tous semblables Per. si nos ames, qui sont toutes pures de leur origine, récontroiét des corps également téperez: mais les contraires qualitez qui entrent en la composition de ceste seconde partie de nostre Tout, se trouuent si inégalement ordónées par les mains industrieuses de la nature, que nous sommes tous differés. Toutesfois, par ce qu'il se rencontre ordinairement, que quelqu'vne de ces premieres qualitez se trouue en nous à plus haut degré que les autres, & que plusieurs se peuuent rencontrer en cecy, quoy que nous ne nous puissions pas dire semblables en toutes choses, nous le sommes en celle-là, & la mesme nature, qui n'a pas permis dans la durée des siecles, que deux hommes se soient ressemblez en tout, souffre que plusieurs se ressemblent en vne ou plusieurs par-

O ij

ties, selon le plus ou le moins qu'ils approchent de la qualité qui domine en eux; & ce qu'elle a trouué bon en la temperature du corps, elle l'a agrée encore aux facultez de l'esprit. Que si maintenāt nous voulons sçauoir à quel degré se ressemblent deux corps, ausquels domine par excellence vne mesme qualité, ou deux esprits qui trauaillent apres mesme passion; il faut premieremēt considerer que cóme les Naturalistes ont remarqué diuers degrez de chaleur au feu, nous en pouuons aussi remarquer plusieurs aux vertus des autres choses composées, soient-elles de l'esprit, ou du corps. Cela posé, imaginons-nous que la nature ayt mis entre les mains d'vn excellent Medecin, vne plante doüée d'vne vertu attractiue au degré de perfection ; il dira que toutes les autres ausquelles ceste vertu dominera, ressembleront à celle-cy. Que s'il veut sçauoir à quel degré elles sont semblables, il remarquera premierement la force & la valeur de la premiere, & puis il considerera en pareille quantité, le temps que les autres employerōt à produire leur effect, & selon le plus, ou le moins, il iugera de leur ressemblance. Ce que le Medecin a trouué à la vertu des choses corporelles, cherchons-le aux qualitez de l'esprit. Il s'agist de l'Eloquence, & par ce que M. de B. nous met entre les mains Vlysse, pour le plus excellent Orateur qui ayt iamais esté, ne luy disputons pas cela, mais disons que puis qu'Vlysse possede cest art, au plus haut degré de perfection, celuy-là, de tous ceux qui seront eloqués, le sera à plus haut degré que ses compagnons, qui approchera le plus des qualitez de ce grád personnage. Mais afin que nous en puissions faire les differences, prións M. de B. de nous descrire l'Eloquence de cest Heros, nous remarquerons en elle la perfection de cest art.

B. 97. *Mais quant à la personne d'Vlysse (dit-il) en laquelle Homere veut representer l'idée de la parfaitte Eloquence, & ces mouuemens rauissans, qui ne donnent pas le loisir de consulter quel party l'on prendra; il luy attribuë vne abondance de paroles & de pensées releuées, qu'il compare à des torrens, à des tempestes, & à des orages.*

Remarque donc de ceste parfaitte Eloquence son effect, & les moyens auec lesquels elle le produit. Elle perfuade, fans donner le loifir de confulter quel party l'on prendra; & c'eſt par vne abondāce de paroles & de pēſées releuées, comparées à des torrés, à des tempeſtes, & à des orages. Auſſi eſt-il neceſſaire, afin que deux choſes ſoient ſemblables, qu'elles ne trouuent pas ſeulemēt meſme fin, mais encore qu'elles la cherchent & la trouuēt, par de ſemblables moyés.

Maintenant puis que M. de B. veut que ſon Eloquéce ſoit à plus haut degré que celle du reſte des hommes, comme il nous a fait cognoiſtre celle d'Vlyſſe; qu'il nous face voir la ſienne. Les excellens " ouuriers, comme luy, ne veulent B. 378. pas dépendre ſeruilemēt de nous, " en l'eſtime de leurs ouurages; c'eſt " à eux à nous declarer ce qu'il faut " que nous en croyons, afin de nous "

O iiij

empescher de faillir: qu'il nous die donc ce qu'il luy semble de son Eloquence, afin que son opinion soit la reigle de la nostre, & que suiuant l'image qu'il nous en aura tracée, nous la puissions comparer à celle d'Vlysse, & trouuer ainsi le degré de sa perfection. Homere donc voulant representer l'idée de la parfaitte Eloquence en Vlysse, luy attribuë vne abondance de paroles & de pensées releuées, qu'il compare à des torrens, à des tempestes, & à des orages. Et nostre second Vlysse, nostre Orateur François, le Dieu de nostre Eloquence, parle de la sienne ainsi.

B. 77. *Il se propose bien d'autres gens à surmonter, & s'il ne vouloit disputer de l'Eloquēce auec toute la Grece, & toute l'Italie, il ne vieilliroit pas, comme il fait, sur vn discours de*

l'Orateur François. 217
trois fueilles, ny n'employeroit vne semaine toute entiere, à acheuer vne periode.

Vlyſſe, en la bouche duquel l'Eloquence paroiſſoit, comme dans ſon throſne, eſtoit ſi abondāt en paroles & en penſées releuées, qu'il n'en fut iamais dépourueu. Falloit-il perſuader les Grecs à porter leurs armes dās la Phrygie, les falloit-il encourager à combattre, les falloit-il reſoudre à vn aſſaut, ou les diſpoſer à vne bataille; ſes diſcours eſtoient des torrens, qui ne leur laiſſoient pas le loiſir de conſulter quel party ils deuoiēt prendre: ils rauiſſoient leurs cœurs & leurs volontez, ils les allumoiēt, ou d'amour, ou de colere, & comme des Bacchantes, les emportoient apres la paſſion qu'il leur vouloit inſpirer. Les meſmes grecs se mutinent-ils dans l'armée, c'est Vlysse qui les harangue, c'est de sa bouche que sortent les foudres & les tempestes, capables de les appaiser. Ont-ils enuie de leuer le siege, ce n'est pas le courroux de la mer, qui tient leurs vaisseaux à la rade, ce sont les orages de l'Eloquence d'Vlysse, qui leur empesche de leuer l'ancre, & qui les arreste au port. Vlysse donc, le plus eloquent des hommes, estoit tousjours prest à discourir, & comme son discours ne donoit pas du téps pour se resoudre, il ne luy en falloit gueres pour se preparer. Les vert^9 propres à quelque subject que ce soit, sont tousiours disposées à produire leur effet. Le feu eschauffe à mesure qu'on s'en approche: le poison agit à mesure qu'il est pris: Socrate est tousiours prest à parler de la sageſſe, Alexandre à combatre, Vlyſſe à perſuader. Que le Philoſophe donc, qui voudra imiter Socrate, ſoit touſiours ſage: que le ſoldat qui pretédra à la gloire d'Alexandre, ſoit touſiours vaillant: & que l'Orateur qui aura enuie de paſſer pour vn Vlyſſe, ne demande point du temps, pour faire ſon Oraiſon. Que ſi ceſte prontitude de parler, qui eſtoit ſi naturelle à Vlyſſe, eſt ſi neceſſaire à celuy qui luy voudra reſſembler ; ie ne ſçay ce que nous ferons de M. de B. L'opportunité à la guerre, ne ſe recouure pas ayſement, il faut cóbattre, l'ennemy ſe deſcouure, le Chef d'armée en a remarqué le defaut, les ſoldats craignent, & les Capitaines ſont rebutez: Attendrons-nous, pour les perſuader à bien faire, que M. de B. ayt com-

posé sa harangue? Il luy faut vne
semaine entiere, à acheuer vne periode, & à moins d'vn torrent precipité, qui emporte le cœur & les
armes, de ces ames refroidies, l'occasion eschappera. Le peuple se
mutine, vne ville se reuolte, il faut
monter sur la Tribune, haranguer
ces esprits malades, moderer leur
rage, adoucir leur aigreur, inspirer
à leurs cœurs, le deuoir du subject,
& representer à leurs yeux, la seue-
rité du Prince: Où serōt à ceste récontre, les foudres & les tempestes
de M. de B? Pendant qu'il vieillira
sur vn discours de trois fueilles, ce
peuple se donnera au perturbateur
de l'Estat, il luy ouurira les portes
de leur ville, il luy liurera les mu-
railles. Les soldats ennuyez des lō-
gueurs d'vn siege, se veulent aller
rafraischir dans les bras des siens,

ils abandonnent les tranchées, ils leuét l'ancre, on met la voile: L'Eloquence de M. de B. n'esmeut les orages qu'auec le temps, & si nous attendons que les vaisseaux soient à la mer, les vents emporteront auec eux, nos paroles inutiles.

Adiouſtons à ce que M. de B. nous a dit de l'Eloquéce d'Vlyſſe, qu'elle n'eſtoit pas ſeulement abódáte en tépeſtes & en orages, mais encore, qu'il auoit bonne grace à les eſleuer. Auſſi eſt-il vray que la prononciation & l'action, font vne partie de ceſt art. Et ſi Demoſthene euſt creu que pour aſſembler dans vn cabinet, quelques paroles choiſies, il ſe fuſt peu acquerir la gloire des Orateurs, il n'euſt pas importuné ſi long-temps les rochers, de ſa voix mal aſſeurée. Que ſi l'action & la prononciatió, sont necessaires à l'Orateur, s'il a besoin d'vn esprit aysé & present, qui puisse fournir à toute récótre, & en tout subject, de paroles en abondance; ie ne sçay si nous oserons mettre M. de B. au nombre des Orateurs, qui employe vne semaine toute entiere, à acheuer vne periode, qui n'a pas donné tesmoignage en public, de sa bonne grace, & qui met son Eloquence, en l'assemblage de quelques paroles fastueuses, qu'il couche sur le papier. Mais quant à la faueur de leur vanité, il auroit trouué quelque rang en l'ordre des Orateurs; estant si esloigné de la facilité & de l'elegance d'Vlysse, n'est-il pas vray, Per. qu'il faudra estre aussi esloigné de ce mesme Vlysse, que le Ciel l'est de la terre, pour estre au dessous de luy?

Nous auions peu voir quelque B. 170. *style semblable à celuy de Nestor, ou à celuy de Menelaus: mais le style d'Vlysse nous manquoit, & les grandes matieres demandoient vne plus grande Eloquence que la nostre.*

O verité bien posée! Sans nous mettre en peine de resusciter les morts, & chercher ce que nous auons, dans les siecles de nos Peres: sans nous obliger à faire voir de nouueau, les Marions & les Seruins, esleuez dans le Barreau, duquel ils furent la gloire: où est celuy qui a oüy Monsieur l'Euesque de Nantes, ou Monsieur l'Euesque de Môtpellier, qui n'ayt trouué dans leurs predications ordinaires, ce que M. de B. veut que nous trouuions en ses discours les plus recherchez? Soit que celuy-là ayt dessein de nous distraire de la voye de perdition, ou que celuy-cy nous vueille introduire dedans celle du salut; ou est le cœur de pierre, qui ne se trouue persuadé par les mouuemens rauissans de leur Eloquence, & qui sans auoir le loisir de consulter quel party il prendra, ne se voye emporter au torrét impetueux de leurs diuines paroles? Soit que M. de Montpellier desire de porter son auditeur à la vertu, ou que M. de Nantes trauaille à le retirer du vice; n'est-il pas vray qu'on se sent esmouuoir à l'amour, ou à la haine, sás pouuoir resister en aucune sorte, aux mouuemens qu'ils nous veulent inspirer? Que celuy-là ayt entrepris de couronner vne ame deuote, du martyre de só Dieu, ou que celuy-cy en vueille imprimer les marques dedans le sein du pecheur; m'aduouërasm'aduouëras-tu pas, Per. que tu souffres auecque plaisir, les espines sur ta teste, & les cloux dedans tes mains? Le chemin pour aller au Ciel, que les Capucins, & les Recolez, nous figurent si austere & si difficile, est semé de lys & de roses, quád il plaist à M. de Montpellier de nous le representer: & celuy de l'Enfer, que les voluptueux suiuét dans les delices, est plein de dangers & de precipices, lors qu'il plaist à M. de Nantes de nous le mettre en horreur.

Le Roy estant à Bordeaux, M. de Mótpellier fut prié de prescher à trois diuerses Eglises. Il monta trois fois en chaire en vn mesme iour, il discourut trois fois sur vne mesme matiere, & trois fois toute la Court, qui couroit aux miracles de son esprit, se trou-

ua rauie de la nouueauté de ses pē-
sées releuées, elle se trouua trois
fois en peine, & ne sçeut trois fois,
s'il falloit admirer les beautez de
son Eloquence, ou celles du Paradis, qu'il nous auoit figurées.

I'ay oüy M. de Nantes prescher
contre les blasphemes, ie l'ay veu
monter souuent en chaire, pour
mesme subject: son esprit miraculeux trouua tousiours de nouuelles forces, & toutesfois ie ne sçay
ce qui couloit auecque plus d'a-
bondance, ou les paroles de sa
bouche, ou les larmes de nos
yeux.

Approchons de la lumiere de ces
Prelats, celle de tant d'autres Ecclesiastiques, qui occupent nos
chaires dedās Paris. Les Religieux,
qui font plustost vanité de leur
bonne vie, que de leurs bons mots,

quoy qu'ils puissent voir M. de B. au dessous d'eux, ne trouueroient peut estre pas bon, que ie leur fisse icy rendre vne action contraire à l'humilité de laquelle ils fôt profession: Aussi ne parleray-je pas deux. Mais se peut-on taire, sans ingratitude, de Messieurs de Chaon, de Griliet, de Vilasel, du Laurent, de Lingendes, & d'vn nombre d'autres, qui fournissent à nos Caresmes, & qui quelque goust que nous trouuions à la viande, nous font regretter le poisson? La terre, tous les Printéps, sur mesme tige, produit de nouuelles fleurs; & ceux-cy sur mesme matiere, nous redisent tous les ans, de si rares & differentes pensées, que nous ne sçauons, si nous en deuons admirer l'abondance, ou la nouueauté. Les desbordemens du Nil, quelques grands qu'ils puiſſent eſtre, n'augment pas les fruits, auecque tant de merueille, que les torrens impetueux de ces diuins perſonnages, les ſemences qui nous reſtét d'amour, & de charité. Nous ſerions touſiours bons, ſi nous les pouuions touſiours entendre; & nos cœurs ne ſe laiſſeroient iamais ſurprédre aux paſſions de la chair, ſi nos oreilles eſtoient touſiours occupées aux charmes de leur eſprit. O que leur Eloquence eſt admirable! ô que les fruits en ſont precieux. Que M. de B. vienne en comparaiſon auec eux, qu'il nous ſoit permis d'en faire les differences, & que retournans à ce que nous auons poſé, nous puiſſions conſiderer à quel degré ils reſſemblent à ceſt Vlyſſe, qu'Homere nous a deſcrit: N'eſt-il pas vray,

Per. que nous les trouuerons aussi proches de la perfection de cest Orateur, que M. de B. s'en est trouué reculé?

Les grands nous presupposent les grands ouurages. Il n'y a personne qui n'aduouë auiourd'huy, que M. de Malherbe a trouué la perfection de l'Ode, à ce poinct, qu'il en est inimitable. Ronsard, dans ses œuures les plus releuées, n'a rien qui approche de leur grace, & de leur beauté. Et toutesfois M. de Malherbe seroit tres-marry d'entreprendre sur les tiltres de Ronsard. Il faut pour meriter le nom de Poëte par excellence, oser, & feindre: il faut quitter l'Epigrame, & l'Elegie, & chercher dans le vers Heroïque, la gloire des demy-Dieux. Et pour estre Orateur parfait, il ne faut pas restreindre son style, dans l'espace d'vne petite lettre particuliere: il faut entreprédre la défése des hautes vertʔ, à la face mesme de ceux qui les osent persecuter: il faut entrer dás le Barreau, monter sur la Tribune, & par des Oraisós accóplies, ou deuát le peuple, ou deuát le Senat, à la presence mesme des Roys, poursuiure genereusement le coulpable, & défendre l'innocent. Homere ne dit pas qu'Vlysse sçeust bien escrire, il l'appelle Bien-disant. Que celuy donc, qui ne se mesle que d'escrire, ne prenne pas le nom d'Orateur, & que celuy qui en voudra meriter la gloire, n'en demeure pas là seulemét, qu'il considere que l'art de bien dire, n'est pas celuy des muets, qu'il parle dóc, qu'il agisse, qu'il soit tel que M. de Racan veut que M. de B. soit, car les Poëtes ne nous depeignent pas tousiours tels que nous sommes, mais tels que nous deurions estre, pour meriter leurs faueurs: qu'il persuade donc les vertus, qu'il dissuade les vices, qu'il sousleue les Estats, qu'il appaise les Prouinces, qu'il reduise à l'obeïssance, tout vn peuple mutiné. Que M. de B. mette ainsi la main à l'œuure, son Eloquence est necessaire, que sans s'amuser apres des Apologies, & des vanitez inutiles, qu'il aille, & à la bonne heure, sousleuer tous les Anglois, ou que preuenant la colere de nostre Prince, il coure appaiser les tempestes de la Rochelle, qu'il enchaisne par l'oreille, ce Typhon desnaturé, qu'il l'amadouë, qu'il le flate, qu'il le reduise au deuoir: lors nous le croirons nostre Vlysse, nous l'appellerons l'Orateur François, & donnerons aux effets de son bien dire, ce que nous ne pouuons accorder à sa vanité.

Mais voyós, Per. les tesmoignages que M. de B. nous donne de ceste sienne Eloquence, qui le tire du pair de Nestor, & de Menelaüs, & le fait l'Vlysse François. L'antiquité, pour marques glorieuses de l'approbation qu'elle a faitte d'Isocrate, & de Ciceró, nous a laissé quelques Oraisons, qu'ils n'escriuirent pas seulement dans leur maison, mais qu'ils prononcerent de leur propre bouche, ou sur la Tribune, à la presence des peuples, ou dans le Barreau, à la face du Senat. Et M. de B. pour authoriser l'applaudissement qu'il se donne, nous rapporte quelques petits fragmens, mysteres du Cabinet, dignes de tomber, à la verité, auec honneur & reuerence, entre les mains des troifiefmes des Iefuites, pour remplir leur chries, & leurs amplifications.

Il n'y a homme fi nouueau dans le monde, qui n'ait oüy parler du Conclaue : mais qui fçauoit auant que M. de B. euft efté à Rome, que le Conclaue eft vne guerre de perfonnes defarmées, qui ne fait, ny guerres, ny orphelins, & où les plus vieux & les plus malades, gaignent la victoire?

O merueilles inoüyes! Il y en a qui ont remarqué pluftoft que lui, vne guerre defarmée, auffi peu perilleufe que celle-cy, à laquelle toutesfois les plus vieux & les plus malades, ne gaignent pas la victoire, mais les ieunes & les fains.

Qui fçauoit que la prouidence de Dieu n'eft iamais fi hautemét occupée?

Mais qui ne sçait que l'occupation presuppose du temps? que Dieu qui n'en a pas besoin, ne fut iamais occupé? & que M. de B. eust mieux fait de dire, que les hõmes ne furent iamais si hautement occupez, que quand il faut choisir en vn certain temps, celuy que la prouidéce de Dieu a veu & choisy auant le temps?

B. 170. *Qui doit vser, bien ou mal, de toutes les richesses du Ciel.*

Certes M. de B. a raison de nous donner cecy pour nouueau : nous auions touſiours creu que c'estoit simplement du deuoir du Sainct Pere, de bien vser des richesses du Paradis : & nostre Orateur ne veut pas seulement qu'il en vse, mais qu'il en abuse aussi. Ce qu'on doit faire dans l'exercice d'vne charge, est de la necessité. Le Magistrat doit condamner le coulpable, ou deliurer l'innocent: & cela necessairement. Le Pape doit vser, bien ou mal, des richesses du Ciel: posons qu'il puisse choisir; quand il eslira le mal, il sera tousiours, par la consequence de ce passage, dans le deuoir de sa charge, puis que ce mot de, doit, ne regarde pas moins la maluersation, que l'vsage. Que M. de B. donc, ne soit pas si precipité à cueillir ces belles fleurs, qu'il en craigne les espines, qu'il apprene que le Pape, qui peut abuser de sa charge, en doit tousiours bien vser, & qu'il ne luy est pas moins défendu d'vser mal des richesses du Ciel, qu'à vn Magistrat d'abuser de la Iustice.

Nous sçauions bien que les Cardinaux eslisent le Pape: mais qui nous auoit dit qu'ils donnent en mesme B. 172

temps, vn successeur aux Consuls, aux Empereurs, & aux Apostres?

Personne veritablemēt, & l'Empereur des Romains ne le trouuera pas bon.

Et qu'ils font de leur bouche, celuy qui marche sur la teste des Roys.

Ce passage peut auoir deux sens, ou il regarde l'authorité generale des Papes, ou l'abus d'vn particulier: s'il a esgard à l'authorité, pourquoy M. de B. veut-il donner à S. Pierre, ce que IESVS-CHRIST ne voulut pas oster à Cesar? La Sorbonne n'approuue pas ceste opinion, le Parlement la condamne, & nos Roys, qui ne releuent que de Dieu, & de leur espée, tiennent pour criminels de leze Majesté, ceux qui l'osent disputer. Que s'il regarde l'abus, faut-il attribuer aux loix bié reiglées d'vne autho-

rité spirituelle, les passions de la chair, & attacher à la charge qui est la plus proche de l'infinie, & dans laquelle, comme Pape, vn mortel ne peut faillir, l'orgueil, & le peché d'vn homme, qui tout iuste, peut tomber sept fois le iour?
Et qui commande à toutes les ames.
Et cela n'est pas encore veritable. IESVS-CHRIST est bien venu pour sauuer tous les hómes, & le Pape est biē esleu pour commander à toutes les ames: Mais cōme IESVS-CHRIST ne sauue pas tous les hommes, pour la repugnance qu'il trouue en eux: le Pape ne commāde pas à toutes les ames, pour le peu de grace qu'il trouue en elles. Pour estre sauué par IESVS-CHRIST, il faut croire en luy: & pour estre commandé du Pape, il faut estre dans

l'Eglife. Car de dire que le Pape commande aux ames qui ne font pas dans l'Eglife, par ce qu'il les excommunie; outre ce qu'elles font affez excommuniées d'en eftre dehors, le commandement prefuppofe l'obeïffance, ou contrainte, ou volótaire. Et fçauons-nous pas que le Pape n'eft obey du Turc, & des autres infidelles, que comme nous le pouuós eftre de la foudre, & de l'orage, qui malgré nos belles paroles, rauagent nos terres, & renuerfent nos maifons?

Toutesfois il y a, ce me femble, quelque figure dãs la Rhetorique, qui fouffre qu'on prenne la partie pour le tout : Ainfi celuy poutra dire auoir veu la France, qui n'aura veu que Paris. Il eft vray que celuy-là dira bien ; mais s'il difoit qu'il euft veu toute la France, il parleroit aussi mal que M. de B. Auoir veu la Frāce, & n'auoir veu que Paris, bien que ce mot de, France, soit vniuersel, neantmoins par ce que Paris fait vne partie de la Frāce, on peut dire l'auoir veuë, comme on dit auoir veu Iean, duquel on n'a veu que la teste. Mais ce mot de, toute, presuppose les parties qui la font: & par ce que Paris ne la fait pas toute, celuy-là ne l'aura pas veuë toute, qui n'aura veu que Paris. Que M. de B. donc, die que le Pape commande aux ames; car estant absolu, comme il est, sur celles des Chrestiens, qui font la meilleure partie de ce tout, il ne parlera pas mal : mais qu'il en oste ce, toutes, qui donnant trop à ceste puissance, diminuë sa raison. Mais quoy? Per. sa periode n'eust pas esté iuste, elle eust manqué à ceſte cadence meſurée, auec laquelle il captiue les cœurs & les voluptez.

Accourons à ceſte exclamation miraculeuſe.

B. 172. *N'eſt-ce pas aſſez que les Alpes ayent eſté Françoiſes, & qu'on parle noſtre langue ſur la terre de nos voyſins, ſans qu'il faille que dans le cœur de ce Royaume, il y ayt touſiours vn peuple eſtranger, qui neveut pas obeïr à nos anciennes loix, ny recognoiſtre le Dieu de Sainct Louis & de Charlemagne?*

N'eſt-ce pas aſſez que les Alpes ayent eſté Françoiſes, & qu'on parle noſtre langue ſur la terre de nos voiſins, Sãs qu'il faille donc ſe mettre en peine de paſſer les mers, pour l'aller faire redire aux Echos de Noruegue, ou aux beſtes de Canada? Car de dire, *ſans qu'il faille que dans*

dans ce Royaume, il y ayt tousiours vn peuple estranger, c'est n'acheuer pas la figure: & il n'y a si petit humaniste dás les escoles, qui n'en voye le defaut.

Sans qu'il faille que dans le cœur de ce Royaume, il y ayt tousiours vn peuple estrāger, qui ne veut pas obeïr à nos anciennes loix, ny recognoistre le Dieu de sainct Louis & de Charlemagne. Il vient de donner aux Papes, ce qui n'est deu qu'à nos Roys, & maintenant il veut donner à nos Roys, ce qui n'est deu qu'à l'Eglise.

Ny recognoistre le Dieu de S. Louis & de Charlemagne.

A quoy nous veut-il reduire? Il faudra donc s'informer de la foy de nos Princes ; & de ceux qui n'ont autre soin que de nous faire obeïr, tenir ce qu'il nous faut croi-

Q

re. Outre ce que cefte forme de proceder n'eft pas raifonnable, elle apporte tant d'erreurs & de legeretez dans les Alemagnes, que M. de B. à tort de l'introduire chez nous. Sainct Louis & Charlemagne ont creu au vray Dieu: mais ce n'eft pas leur foy, qui doit seruir de reigle à la noftre; & IESVS-CHRIST, qui nous enuoye aux plus anciens de l'Eglife, ne nous commande pas d'aller aux plus puiffans de l'Eftat.

Il eft vray, Per. que ces grands mots à la fin d'vne periode, *la terre & le Soleil, Pompée & Cefar, S. Louis & Charlemagne*, ont quelque chofe qui plaift? mais leur beauté reffemble à celle de l'arc en Ciel, à mefure quelle commence à nous faire admirer fa varieté, nous comméçons à en regretter la perte. Iris, la merueille des yeux, ne manque pas de lumiere, elle charme, elle rauit: mais quoy? ce n'est qu'vn peu de feu, que le Soleil à figuré sur vne nuë legere; attendez vn peu, la nuë se dissipera, & ceste cause de vostre admiration s'esuanouïra, comme elle. Ces paroles majestueuses, & ces façons de s'expliquer figurées, sont esclatantes en la bouche de M. de B. elles surprennent les sens: mais soyez vn peu attentif, considerez leur aplicatió, vous les trouuerez si peu raisonnables, le fondement qui les appuye, est si foible & peu asseuré, que le pauure homme en est pitoyable: & ie voudrois, pour l'amour que ie luy porte, qu'il mist en œuure, ces belles pierres precieuses, auec plus d'art, & moins

Q ij

d'apparence, moins de grace, & plus de raison.

Ie m'arresterois bien dauantage apes ces petites bagatelles, mais il me semble que ie suis bien long; examine les toy-mesme, & voy que j'ay assez dit, pour t'auoir tenu ma promesse, & prouue en toutes ses parties, ma troisiesme position. Ce pédant que ie chercheray le moyen de te satisfaire en la derniere, amuse toy à considerer les antiquitez Romaines, jette tes yeux sur les ruines de ces grands ouurages, *dont la vieillesse est encore belle*. Ce terme, pour estre tiré d'vne mazure, te semble-t'il pas nouueau? & toutesfois il n'y a crocheteur sur le pót neuf, qui voyāt marcher vn homme de six vingts ans, sans crosse, ny sans baston, ne die, Voila vne belle vieillesse. M.

de B. en a tráſposé le nom, & poſt-
poſé l'epithete ; & pour ceſte rencontre, ne s'applaudit pas auec
moins de reſſentimét de joye, que
ceſt Alemãd du fauxbourg ſainct
Germain, qui apres auoir employé trois ſemaines entieres, &
broüillé dix-huit mains de papier,
pour trouuer l'Anagrãme de ſon
valet, qui s'appelloit Guillaume
de la Chambre, la rencontra à la
fin bien heureuſement, ainſi, *La
Chãbre de Guillaume.* Mais nous ne
prenions pas garde que nous mar-
chions *ſur des pierres, qui ont eſté les* B.186.
Dieux de Ceſar & de Pompée, & ne
voyons pas que M. de B. fait de ce
braue terme, cóme le bourgeois,
d'vne petite-oye d'or, ou d'argét,
qu'il met à toute ſorte d'habits.
O *qu'il fait beau ſe promener parmy
les hiſtoires & les fables ; ſe bai-*
Q iij

gner dans le Tybre, au bord duquel les Romains ont fait l'apprentissage de leurs victoires; loger au Capitole, où ils croyoient que Dieu auoit enfermé le destin de la Monarchie vniuerselle; trauerser ce grād espace qui estoit dedié aux plaisirs du peuple Romain, où le sang des Martyrs a esté si souuent meslé auec celuy des criminels & des bestes!

Certes voila des remarques miraculeuses, ce ne sont pas des reflexions d'vn esprit vulgaire, & la France est bien obligée à M. de B. d'auoir demeuré les longues années à Rome, pour descouurir ces secrets. Il est bien aysé à voir qu'il a sué à la recherche de ces belles choses, il en est deuenu malade, & ne souffre pas moins *des seconds*

p. 188.

maux, qui viennent apres les autres, que de sa premiere douleur. Toutesfois il est si ingenieux, qu'il sçait tirer profit de sa fiéure: les resueries qu'elle cause en son esprit, valent mieux que les meditatiõs des Phi- B. 217. losophes. Ce fut elle qui luy inspira la pẽsée de passer vn *accord auec les Medecins, par lequel il fut dit que toutes les choses agreables fussent bõnes.* Oserions-nous nier qu'il ne tint pas cela de sa resuerie? Le Suisse de M. de Bassompierre, dans l'excés d'vne fiéure violéte, n'eut-il pas mesme visiõ? Le Medecin luy ordoñnoit de la tisane, & pour le persuader à ce secõd mal, luy promettoit qu'elle auroit la couleur du vin. Monsieur, respõdit le Suisse, demeurons d'accord du goust, ie n'affecte pas les couleurs. Mais des sirops, & des medecines, qui sont sur la table de M. de B. venõs à la chandelle qui les esclaire. Futil iamais rien de si beau, *Le feu dãs sa propre sphere, peut-il entrer en cõparaison auecque ce grand feu, lors que M. de B. le fait de la couleur des roses, & qu'il l'appelle le Soleil de la nuit & des mauuais iours, qui veille tousiours dans sa chambre, & qui esclaire son repos, aussi bien que ses estudes ?* Ie me riois, il y a quelque temps, d'vn Gétilhomme de qualité, qui traittant serieusemét auec nostre porteuze d'eau, l'appelloit ma Princesse, ma Reyne, mon Soleil : mais auiourd'huy que le Dieu de nostre Eloquence, se sert de ceste façon de s'expliquer, pour des choses de moindre vsage ; ie n'ay plus à rire de luy, car que sçay-je s'il ne parloit point Balzac, comme dit le Poëte ? Et que sçauons nous encore, si c'est Espagnol qui fut trouué si ridicule, pour auoir prié le Iuge qui l'auoit condamné au fouët, d'agréer qu'il eust l'espée au costé, n'estoit point inspiré de quelque vertu extraordinaire ? Il fut extrauagant. Il est vray : mais il conserua sa grauité, & ne releua pas moins la honte de son action, par ses démarches glorieuse, que M. de B. la bassesse de son subject, par la force & la majesté de ses locutions figurées.

Il y a vne vertu heroïque, qui va tout d'vn autre vol, que la vertu cōmune, & qui passe la plus-part du temps, au dessus des loix & des reigles ordinaires : de mesme y a-t'il vn certain style, qui ne s'assubiettit pas seruilement à la tyrannie de l'art, ny aux preceptes de la theorique. Et comme on remarque aux hommes de grande naissance, ie ne sçay quelle maiesté inseparable de leur person-

B. 109.

B. 108.

ne, qui les accompage aux actions les moins importantes de leur vie : aussi est-il besoin de conseruer partout ceste dignité de langage.

Ainsi l'Espagnol qui estoit né pour les armes, ne se peut défaire de ceste majesté qu'il auoit de sa naissance, & passant sur les loix & les reigles ordinaires des autres coupeurs de bourse ses cõpagnõs, demanda son espée, & conserua sa grauité. Et ainsi nostre Caualier, pour se maintenir dãs ceste dignité de lãgage, qui nous met hors du commun, passa par dessus la bienseance ordinaire, & conserua ses beaux mots. Mais laissons-là nostre Caualier, & nostre soldat, reuenons à nostre Orateur, ou bien les quittans tous trois ensemble, cherchons le moyen de satisfaire à nostre promesse. Aussi est-il desia temps, & tout ce que M. de B. dit en suite de ces perles, & de ces diamans, qu'il est allé querir au nouueau monde, ne fait rien à nostre subjet. L'abus des mots, la corruption de la phrase, peuuent rendre impertinétes & ridicules, les meilleures locutions. Mais nous ne disputons pas contre M. de B. ny de la phrase, ny des mots; nous disputons du sens, & de la raison, qui lie & soustient ces choses. De sa prononciation, nous n'auons aucun tesmoignage. Seulement est-il à propos de luy faire prendre garde en passant, de parler vne autre fois, de M. de Rancan, auec plus de circonspection, pour prendre subjet de loüer ses vers, qui auec verité, disputent du prix, auec ceux de M. de Malherbe : il ne falloit pas l'accuser d'auoir mauuaise grace à les

B. 189.

B. 193.

pronócer. Mais allós toufiours, P.

B. 291. *Il n'y a rien de si sacré, qui ne trouue son sacrilege. Il n'y a rien de si bon, dont quelqu'vn ne se serue à faire du mal. Il n'y a rien de si vray, que la chicane ne falsifie.* Les testamens sont les vrays tesmoins de la volóté de nos Peres: & toutesfois tráspoſez vn poinct ou vne virgule, diminuez vn mot, adiouſtez vne syllable, vous iettez les seméces de mille procés dans l'eſprit des succeſſeurs. Le feu eſt tres-bó, il n'eſt rié de si neceſſaire à la vie: & neátmoins combien voyons-nous de meschans, qui se seruét de ceſt element que Dieu ne nous a donné que pour noſtre cóſeruation, pour nous ruiner & deſtruire? La Saincte Eſcriture n'a rien que d'auguſte & de venerable: & neantmoins elle eſt tous les iours prophanée dans les desbauches, on l'employe à toute sorte de mauuais vsage. Tout cela est veritable; mais nos loix qui ont ordonné des peines pour les faussaires, des potences pour les scelerats, & des buschers pour les prophanes, n'ont encore ordonné aucune sorte de rigueur pour ceux qui s'en prendront aux escrits de M. de B. qui n'estans, ny saincts, ny necessaires, ny iustes, comme les mysteres de l'Eglise, le feu de la nature, & les loix de nos majeurs, ne meritent, ny respect ny imitation, ny reuerence.

Virgile a esté parfaittement vertueux, la chasteté de son style & de ses actions, a esté cogneuë de tout le monde. Ce pendant Ausone transposant & meslant ensemble, les vers de ce diuin Poëte, y a trouué dequoy representer les plus secrettes actions de B.198.

Tombeau de l'amour: *Et depuis Ausone, Capilupus, toute l'histoire des Cloistres, & la vie particuliere des Moines.* Cela est vray: mais Ausone, ny Capilupus, ne se sont pas seruis de Virgile, pour se rire de ses vers; ils ont voulu tesmoigner simplemét l'addresse de leur esprit, par ceste sienne industrie. L'autheur de l'histoire Comique n'a pas le mesme dessein, & ie m'asseure que s'il ne s'est laissé vaincre aux prattiques de nostre Orateur, qu'il n'a pas changé d'aduis, & ne void pas ce grand personnage esleué sur de si hautes hyperboles, qu'il n'en voye plusieurs au dessus de luy. Mais ce pédāt que M. de B. se met dãs le soin de luy plaire, & que ce ieune esprit trauaille à démentir son Hortensius, & son premier iugement; allons à nostre dessein, *Per.* Ces bel-

les comparaisons ne sont aussi que B. 207.
pour les Docteurs en Grammaire,
& ie t'ay desia protesté que ie n'e-
stois pas des plus sçauans de cest
art. Amuse toy apres elles, tu me
pourras retrouuer.

Monsieur de Balzac ne se moque B. 226.
pas indifferemment de tout, & n'est
pas assis en la chaire de pestilence,
ainsi que parle le S. Esprit: dans la
plus forte guerre qu'il face, il pardon-
ne tousiours à la Religiõ, & à ses au-
tels; il n'offense, ny la vertu, ny la biẽ-
seance, il aymeroit mieux perdre tous
ses bons mots, que l'honnesteté,
&c.

Celuy qui auec de belles paroles de complimét, prepareroit son
ennemy à receuoir le coup qu'il
luy donneroit sur la jouë, n'auroit
pas moins de ciuilité que M. de B.
qui s'en prenant à tout ce qu'il y a

de sainct dans le Ciel, & de religieux sur la terre, a le courage de faire ces belles protestations. Mais qui ne void qu'apres auoir mesprisé la puissance de Dieu, qu'il a renduë necessiteuse des mysteres de son art, il ose biē encore deschirer l'honneur du Pape & des Cardinaux, des Princes & des Courtisās, des Ecclesiastiques & des Religieux, des Poëtes & des Orateurs, des viuans & des morts? Et pour n'aller point foüiller dās ses autres œuures, croids-tu, P. que ce ne soit point mesdire du Pape, que de l'accuser de negligence, d'auarice, & de vanité? On ne peut iamais parler assez discrettement de ceux qui sont au dessus de nous, & neātmoins voy comme quoy M. de B. parle de celuy qui commande à toutes

toutes les ames, & qui exerce vne B. 171.
charge la plus pres de l'infinie.

Au lieu de procurer la conuersion B. 287.
de l'Angleterre, & de chercher le
moyen de mettre le Leuãt en liberté;
vn Pape croid s'acquiter dignement
de sa charge, pourueu que son neueu
soit plus grand que celuy de son pre-
decesseur.

Et en la pa. 240. parlãt des voyes
que prattiquent ceux qui aspirent
à ce degré si proche de l'infiny.

Il y a d'autres gens qui gardent le B. 240.
lit, encore qu'ils pourroient courre la
poste : qui ne sont iamais sans fiéure,
ny sans catherre : qui employent tous
les secrets de la Medecine, à se faire
le visage mauuais. Et ainsi le plus
haut lieu du monde, est celuy-là seul,
où pour arriuer plus aysement, il faut
estre boiteux, & aller le petit pas; &
d'vn Cardinal malade, il se fait

R

souuent vn Pape, qui se porte bien.

 Toutes ces choses sont dites de bonne grace, mais elles scandalisent l'Eglise. Et que peuuent dire de plus dangereux, les Heretiques du temps? Et qu'en a dit encore de plus prophane, *c'est infame, qui faisant profession de Medecine, a esté l'empoisonneur de la France?*

B.196.

 Certes si ceste inquisition, que M. de B. desire si fort en ce Royaume, empeschoit que les fols ne rempliſſent le monde de leurs mauuais liures, ie ne sçay si elle ne trouueroit point de peine pour ces belles meditations Mais voyons ce qui luy reste à dire des Cardinaux.

B. 288.

 Il y a vn Cardinal, qui tient six Astrologues à gages, afin de se faire asseurer à toutes les heures du iour, que c'est luy qui doit estre Pape. L'autre prend libremẽt de l'argẽt de deux

B. 289.

partys contraires, & trouue que c'est le moyen de mettre les ennemis bien ensemble. Le troisiesme a vne vertu la plus extrauagante, dont vous ayez iamais oüy parler; & à cause qu'il a leu dans la saincte Escriture, que la sagesse du monde est folie deuant Dieu, il craindroit qu'il y allast de sa conscience, s'il estoit sage.
Et puis en la page. 286.

Ils sont tellement attachez à leurs petits interests, & regardent si peu les affaires generales, qu'ils croiët qu'il n'y a rien au delà de leurs cheueux, & que le monde finit à leurs pieds. Le Cardinal Ludouise songe seulemët à se fortifier d'hommes & d'argent, contre le Cardinal Borghese; qu'il prend pour le Turc, & pour l'Heretique: Et quoy que vous puissiez dire, cinquante Abbayes qu'il a gaignées en vn an, c'est la partie de

B. 286.

l'Eglise, qu'il ayme mieux que toutes les autres.

Ie ne sçay à quoy songe le moins iudicieux homme du monde : il donne son liure à vn Cardinal, & ne craint pas de parler de ceux qui sont en pareil honneur, auec tant d'irreuerence. La raillerie n'est approuuée qu'entre esgaux; & posé qu'elle le fust pour ceux qui sont au dessus de nous, elle va au delà de ses bornes, depuis qu'elle touche à l'honneur. Et peut-on accuser des personnes si releuées, d'auarice, de faction, de folie, d'extrauagance, de mauuaise foy, de vanité, & d'orgueil, sans blesser leur reputation, & scandaliser l'Eglise ? Les mesdisances qui ne regardent que le general, sont quelquesfois tolerées: mais ceste excuse est inutile à M. de B. qui parlant d'vn Pape, qui est vnique, ne sçauroit rien dire qui en regarde plusieurs. Et pource qui est des Cardinaux, il a pris la peine de se faire entendre.

Maintenant, des Princes de l'Eglise, venons à ceux de l'Estat. En la pa. 232. qu'est-ce qu'il ne dit pas d'vn particulier, qu'il descrit assez clairement, *& qu'il n'a garde de croire qu'il soit fait à l'image de Dieu, de peur d'offenser vne nature si excellente* ? Voila vne similitude bien hardie, & qui se trouueroit fort peu raisonnable, si nous voulions prédre la peine de voir à son application. Que si elle a de la temerité, ce qu'il dit de cest autre, qu'il tire de la maison de M. M. n'a pas peu d'indiscretió. Mais se peut-il adiouster quelque chose, à l'abomination qu'il leur attribuë en la page 240?

B. 232.

B. 239.

Il y a des Princes, qui en pleine paix, ne pardonnent, ny à âge, ny à sexe. Et puis il nous dira qu'il garde la bien-seance, & qu'il aymeroit mieux perdre ses bons mots, que l'honnesteté? Ainsi le poison, que l'or, ou le sucre, cache, n'empoisonera pas nos corps? Ainsi vn esprit ne receura aucune mauuaise impression d'vne saleté déguisée? Ainsi vn Prince receura sans iniure, la raillerie de M. de B. qui l'accusera d'vn crime qui le rend digne des maledictions de la terre, & de la foudre du Ciel?

Des Princes, venons aux hommes de Court. C'est vne chose tres-asseurée, que les plus honnestes gens se jettent dans ceste vie laborieuse, & neantmoins ce sont des perroquets & des singes, qui ne sçauent apprendre à parler raisonnablement. Et en la page 244. il

descrit leur vie, en la representatiõ d'vn vieux fol, qui apres auoir vielly, & mangé le sien, void encore la faueur auec enuie, & se fait gros de colere côtre le siecle & l'Estat. B. 244.
En la page 305. il parle encore ainsi d'eux : *Ie ne sçaurois prendre cest accent, auec lequel ils authorisent leurs sottises, ny faire d'vne nouuelle, vn mystere, en la disant à l'oreille. Ie sçay encore moins cacher mes defauts, & faire le personnage d'vn homme de bien, si ie ne le suis pas veritablement.* B. 305.

Voila pour les Courtisans. Le Barreau n'est pas digne de sa colere: mais les Ecclesiastiques esmeuuent à vn bien haut degré de chaleur, son esprit melancholique. B. 349.

Il ne reste que les chaires des Predicateurs, où l'Eloquence deuroit tenir le siege de son Empire, & com- B. 349.

R iiij

mander souverainement à toutes les ames. Mais on ne s'estonnera pas que celle de M. de B. ne paroisse point en ces lieux-là, tãt que les dignitez Ecclesiastiques seront les recompenses des esclaues & des importuns, & que l'impudence & l'ambition occuperont la place de la vertu.

On ne s'estonnera pas que celle de M. de B. ne paroisse point en ces lieux là, tant que les dignitez Ecclesiastiques seront les recompenses des esclaues & des importuns. Sans estre Prieur, ny Abbé, on peut monter sur la chaire de nos Eglises; il ne faut que la mission du Superieur: celuy qui n'est inspiré d'autre passion, que de l'amour du prochain, & du zele de l'Euangile, n'attend pas les dignitez Ecclesiastiques, pour s'y faire voir. Nous en voyós fort peu, qui des dignitez montét à la chaire; & en voyós beaucoup, qui de la chaire, paruiennent aux dignitez. Que M. de B. qui a bien enuie de celles-cy, se rende digne de celle-là, qu'il l'occupe, qu'il la prattique, ou qu'il souffre, sans murmurer, que ceux qui l'ót prattiquée, possedét les dignitez. Mais quoy? Per. le potier porte enuie au potier; & le peintre le plus ignorãt, void d'vn œil iniurieux, les desseins de Michel-Ange. Ce petit hom- "B. 244. me, à qui soixante-dix ans d'expe- " rience, n'auoient sçeu meurir l'es- " prit, & qu'on ne voyoit pas moins " dans le cabinet du Roy, que la sal- " le des Suisses, s'imaginoit que le " Roy luy ostoit toutes les charges " qu'il donnoit à M. de Luynes; il " estoit tousiours en colere contre " le siecle & l'Estat. Auoit-t'il tort? Vn autre le gouuernoit, & sans auoir vieilly, comme luy, apres cest art fortuit, & plein de solicitude, qui nous met aux bónes graces du Prince, possedoit ses volontez. Et M. de B. qui n'a pas moins d'interest aux affaires Ecclesiastiques, que ce bon homme à celles de l'Estat, n'a pas plus de tort que luy, de se plaindre de la mauuaise œconomie de l'Eglise, à laquelle il veut plus de mal, qu'il ne fait à F. A. & à laquelle il ne pardonnera iamais, *tant que les digni-*

B. 350. *tez Ecclesiastiques seront les recompenses des esclaues & des importuns, & que l'impudence & l'ambition occuperont la place de la vertu.*

Pour démentir ceste impudente & ambitieuse mesdisance, nous n'irós pas chercher du secours dás les regnes des Roys morts, ny ne nous amuserons pas à faire le denombrement de ceux qui font paruenus aux dignitez mediocres, par des voyes si loüables & si esloignées de l'ambition, que si M. de Balzac estoit aussi peu ambitieux qu'eux, il trouueroit la felicité qu'il cherche, sur les chaires qu'ils ont occupées, ou dans les cloistres qu'ó les força de quitter. Mais puis qu'en matiere d'abus, on peut arguméter du plus au moins; si nous pouuós faire voir que les dignitez les plus eminentes, qui d'ordinaire sont briguées par les plus ambitieux, ont esté de nostre temps, la recompense des sages, pourrons-nous pas dire que les mediocres doiuent auoir esté celle des vertueux, & que M. de B. a tort d'accuser ceux qui les possedent, d'impudence & d'ambition?

Toute nostre vie estant occupée à agir, ou à cognoistre, les hômes peuuent generalement estre diuisez en actifs, ou côtemplatifs. La vertu qui occupe indifferemment, l'vn & l'autre de ces genres, y souffre ceste difference, qu'aux actifs elle fait trouuer les hôneurs, dans le soin de les acquerir: mais aux contemplatifs, ausquels elle amortit la passion qui nous porte à les desirer, elle les fait rencontrer par la fuite & le mespris, qu'elle mesme leur inspire. Aussi y a-t'il certaines courónes, que Dieu promet à ceux qui sçauront forcer le Ciel; & certaine gloire, qu'il ne reserue pas pour les ambitieux, mais pour les humbles & debonnaires. Ces courónes & ceste gloire, sont vne mesme felicité, & ceste felicité, quoy que vne, s'acquiert par deux moyens differens. Ceux qui travaillent & qui cherchent, tousjours vertueux & forts, s'y esleuét à la fin: & ceux qui s'humilians, semblent s'en trouuer indignes, y sont aussi esleuez. Or côme les fidelles receurent, sous des figures, dãs l'estat de la loy, les choses qu'ils ont du depuis possedées en effect, dans celuy-là de la grace: les vertueux reçoiuét encore en images, dans ce mesme estat de grace, les felicitez que Dieu nous promet en verité, dãs l'estat de gloire, lors que noꝰ serons au Ciel. Et cela pouuons-nous remarquer en la fortune des deux plus grands personnages de nostre siecle, Mõseigneur le Card. de Richelieu, & Mõseigneur le Card. de Berulle. Tous deux également vertueux, & tous deux égalemét sages, sont paruenus par des voyes differentes, à mesme felicité. Celuy-là dans l'exercice d'vne vertu côtinuée, assailly, repoussé, & presque abbatu, s'est releué comme vn autre Antée, muny de nouuelles forces; il a surmôté l'enuie, enchaisné ce môstre, qui s'oppose à la vertu, & nouueau Alcide, forcé les Dieux & la destinée, à luy donner vne place dans l'ordre des demy Dieux. Et celuy-cy, loin du cômerce des hommes, du profond de la solitude, où le mespris du monde, & la fuite des vanitez, le conseruoient dans l'exercice des Anges & des esprits bié-heureux, est appellé, comme Saül qui se cache, pour estre esleu Prince de l'Eglise, & pour Conseiller l'Estat.

 Fortifiez de deux exemples si rares, que M. de B. nous viéne plus quereler: qu'il nous reproche que les dignitez Ecclesiastiques sont les recompenses des esclaues & des importuns. Puis que les plus grandes sont entre les mains des vertueux, asseurons nous, Per. que l'impudéce & l'ambition n'occuperont pas les moindres. Que si nostre Orateur y veut paruenir, qu'il souffre la vertu recompensée auecque moins de regret : qu'il cherche les honneurs qu'elle possede, par les mesmes voyes qu'elle a tenuës pour les acquerir : qu'il trauaille, ou qu'il s'humilie ; & il les possedera.

Cepédant qu'il estudiera ceste leçon (s'il en est capable) voyons comme il traitte les Religieux. En la page 200. il leur attribuë toutes les mesdisances de Capilupus, & B.200. veut que les Satyres, que ce prophane auoit basties des vers de Virgile, pour dépeindre la vie de certains Religieux des Dieux des

Gentils, ou de ces pieds deschaus, desquels parlent Homere & les autres Poëtes, soient les meditatiós d'vn esprit de Prophetie, sur la vie particuliere des Moines de sainct Basile, & de sainct Benoist. En la

B.284. page 284. il les accuse d'ignoráce. Mais en la personne de F. A. en tous les endroits de son Apologie, que ne leur impose-t'il pas? Il n'oublie aucune sorte d'outrages, il en perd la biéseance & l'honnesteté, & se trauaille si fort, à vouloir en-

B.55. fermer ce pauure Moine dãs l'hospital Sainct Germain, que si Dieu n'a pitié de luy, ce soin inconsideré luy fera courre les ruës. Et comme le lyon ne s'en prend pas seulement au chasseur qui le poursuit, mais encore à la fléche, ou au jauelot, auec lesquels il le blesse; nostre Orateur aussi ne s'obstine pas seulement

lement contre F. A. mais encore
contre tous ceux que F.A. luy op‑
pose. Luy allegue-t il qu'il se sert
des Poëtes, ou des Orateurs; c'est
aux Poëtes & aux Orateurs, aus‑
quels il iure la guerre : Virgile, B. 13.
Oppian, Sannazar, Ronsard, Ma‑
rini, des Portes, n'ont esté que des
traducteurs, ils se sont pillez l'vn
l'autre comme des Pirates : Cice‑
ron, qu'il void côme le principal
objet de son enuie, fut dans Rome B. 137.
vn fanfaron; il n'oseroit louër Pó‑
pée, qu'il ne le trouue sans iugemét B. 138.
& sans raison; il en fait le fol de ce
Capitaine, & ne craint pas qu'Hor‑
tensius concluë de là, qu'il le sera
de soy-mesme, puis qu'il n'est pas
moins amoureux de sa propre per‑
sonne, que Ciceron l'a esté de ce
diuin personnage. Ceste cósidera‑
tion ne l'arreste pas là : comme il a‑

S

trouué qu'il ne sçauoit pas flater delicatement ceste cause de son amour, il trouue qu'il ne sçait point mesdire de bonne grace de celle de sa colere. Ses œuures, qui sont les miracles de la langue Latine, & les delices des bons esprits, sont les ennuis de M. de B. Et celles d'Isocrate, qui furent les charmes de la Grece, ne sont pas plus raisónables que celles de Ciceron. Seneque n'est propre qu'à faire des
" monstres, il ne cháge iamais la fa-
" ce de son discours. on void des an-
" titheses & des oppositiós, de quel-
" que costé qu'on les regarde, &
" n'y a presque vne seule parole, qui
" n'ayt son ennemie qui la suiue. Et pour peu que vous pressiez M. de B. sur la richesse & les graces de cest autheur, il vous dira que la mariée est trop belle, que ses yeux

se laſſent à voir des objets rians, & qué ſon eſprit ſe trouue importuné de tant de belles choſes continuées.

Mais il ne ſe faut point eſtonner ſi M. de B. fait de ſi mauuais iugemens des ſages du monde, puis qu'il ſe conſeille de l'opinion qu'il en doit auoir, des Sophiſtes & des fols. Il a trouué eſtrange qu'Hortenſius ayt deſtaché de ſes lettres, quelqu'vne de ſes locutiós ridicules; & en la page 101. & 102. il ne craint pas de mettre au nombre des perſonnes inſenſées, Gorgias le Leontin, Calliſthenes, Clitarchus & Hegeſias, par le rapport que le ſeul Sophiſte Longin, comme il dit, luy en a fait.

Il ſe mocque donc (dit-il) d'aſſez bonne grace, de ces I. F. du temps paſſé, & appelle leurs eſcrits, des

S ij

Meteores de quelque apparence, qui toutesfois n'ont rien de solide. Et en effet les fragmens qu'il en cite, ne tesmoignent que trop, qu'ils prenoient de la peine à faillir, & qu'aussi bien que nos gens de cabinet, ils ressembloient à ces mauuais Peintres, qui ne peuuent faire de corps veritables & naturels, ny tirer de leur imagination, que des Chimeres, des Centaures, & des Hippogriphes.

Pa. 102.
& 103.
"
"

Il n'en est pas ainsi de M. de B. qui donne à tout ce qu'il fait, toute la perfection que peuuent receuoir les choses humaines, & qui tesmoigne bien aussi, qu'il ne cognoist les honnestes hommes, que par le rapport des Sophistes, comme luy.

Gorgias le Leontin donna de la jalousie aux Orateurs de son siecle, il en fut la merueille, & luy reſte la gloire d'auoir eſté Precepteur d'Iſocrate, comme rapporte Ariſtote, & Quintilian apres luy, en ſon 2. liure de l'Inſtitution de l'Orateur.

Calliſthenes merita l'honneur d'eſtre condiſciple d'Alexandre le Grád, ſous l'inſtruction d'Ariſtote; il fut ſon familier, & ſon fauory: & ce cœur ambitieux, qui dás les merueilles de ſa vie, n'auoit à deſirer qu'vn autre Homere, pour en deſcrire les faits, qui ne trouua qu'vn ſeul Apelles digne de crayonner ſon image, auoit choiſy Calliſthenes, ainſi que rapportent Plutarque, & Quinte Curſe, pour figurer ſa valeur.

Clitarchus, que Quintilian eſtime pour ſon eſprit, en ſon 10. liure chap 1. fut chery du meſme Alexãdre, qu'il accompagna en toutes ses expeditions.

Et Hegesias, le plus Eloquent des hommes, animoit ses Oraisons d'vne telle diuinité, il les prononçoit auec vne telle grace, que ceux qui l'oyoient discourir de la felicité du Ciel, rompoient de leurs propres mains, les liens qui les tenoiēt à la terre. Ptolomée Roy d'Egypte, fut contraint de luy défendre l'vsage de ses Oraisons. Et Valere le Grand, en son 8. liure, chap. 9. adiouste à la gloire de ce diuin Orateur, de si rares qualitez, que M. de B. ne sçauroit, sās calomnie, en alterér la grādeur. Mais ce n'est pas du style des Sophistes, de prendre le bon party. Aussi à l'imita-

Pag. 23. tion de Longin, Montagne, Iuste
Pag. 24. Lipse, le Cardinal du Perron, Coiffeteau, Malherbe, & tout le

reste des hommes, dont les ouurages portent quelque marque de bon esprit, sont des larrons, au iugement de M. de B.illes liure entre les mains d'vne Chambre de Iustice, pour leur faire le procés. Ie ne t'en feray pas le denombrement, tu n'as qu'à lire de la pag. 18. iusques à la pag. 24. pout voir tout ce que les siecles passez eurent de sainct, & que nous auons d'adorable, calomnié par la bouche de ce prophane. Toutesfois ce n'est, peur estre, pas mesdire, que d'appeller ces honnestes hommes, larrons: ce n'est que découurir leur artifice, & apprendre à ceux qui voudront paruenir à leur gloire, les moyens qu'ils ont tenu, pour se l'acquerir. Mais si ce n'est pas mesdire, que de les accuser de vol, & d'imitation; d'où vient que M.

Pag. 25.

de B. trouue si estrange que F. A. l'accuse de pareille addresse? Pourquoy l'appelle-t'il mesdisāt, imposteur, scelerat, & fol? Les hōmes sages sont-ils capables de telles coleres? Encore les accusations de F. A. estoient secrettes, *& ceux qui ont debité ceste belle conformité, se sont bien donné de garde de la faire voir en plein iour, & de l'exposer aux yeux du monde.* Et M. de B. ne se contente pas de mesdire dans ses lettres secrettes & particulieres, il veut encore qu'on voye ses mesmes mesdisances dans vne Apologie qu'il donne au public. Les reproches de F. A. n'estoient que François : Et il veut que ses bons mots soient traduits en toutes les langues, afin que toutes les parties de la terre, qui sont abbreuées de la reputation de ces gens de bien,

B. 81.

B. 229.

puissent estre empoisonnées de ses calomnies. F. A. ne parloit que d'vn seul, qui par la grace de Dieu, n'est pas encore dás l'approbation des nations, & des siecles: Et M. de B. pour vn seul qui l'accuse, s'en prend à tous ceux que les siecles ont reuerez, & que les peuples honorent. F. A. n'a parlé que d'vn homme plein de vie: Et M. de B. ne s'en est pas seulement pris à la gloire des viuans, mais encore à celle des morts. Qu'il se vante desormais de pardonner à la Religió & à ses autels: qu'il ose dire qu'il n'offense pas la vertu: qu'il se mette en peine de nous persuader qu'il ne perd iamais l'honnesteté. Il pardonne à la Religion & à ses autels, mais il en mesprise le Dieu, & deshonore les Prestres. Il n'offense pas la vertu, mais il outrage les personnes qui la possedent. Il ne perd iamais l'honnesteté, mais il produit, sous des voiles transparens, les pechez les plus deshonnestes. O indiscret! ô mesdisant! ô sacrilege & prophane! qui mesprise la bienseance, iniurie la vertu, & scandalise l'Eglise; & cela parlant de Dieu & de sa puissance, du Pape & des Cardinaux, des Princes & des Seigneurs, des Ecclesiastiques & des Religieux, des Poëtes & des Orateurs, des viuans & des morts!

Nous pourrions encore, dans la recherche de ces bons mots, qui
B. 228. sont tousiours de bonnes choses,
„ qui se soustiennent d'eux-mesmes,
„ & qui ne doiuent iamais perdre la
„ grace de la nouueauté, desquels la
„ posterité doit rire aussi bien que
„ nous, qu'on traduira en toutes lā-

gues, afin qu'en toutes les parties de la terre, ils soient les delices des peuples: Nous pourrions, dis-je, dans la suitte de ces mesdisances indiscrettes, que M. de B. nous donne, pour nous forcer à croire qu'il sçait bien railler, trouuer encore des villes & des Republiques en- B.234. tieres, noircies de leur fumée: nous 242. y pourrions voir des femmes dif- B.306. famées, & beaucoup de particuliers outrages. Mais nous serions trop longs, Per. ie t'en ay assez dit, pour t'auoir prouué la premiere partie de ma derniere position. Ce qu'il dit en suitte de ces bonnes choses, me pourroit seruir de pretexte, pour parler de la seconde: mais toute ceste Apologie n'estant qu'vne vanité continuée, nous en trouuerons tousiours le moyen. Suiuons le donc encore vn peu, P.

nous conclurons nostre discours, comme il a finy son liure.

p. 314.   *Si ie voulois tirer des ouurages de M. de B. tout ce qu'il y a de playsant, &c.*

La lecture de ces plaisantes vanitez, m'a remis dans l'esprit la resuerie d'vn Gascon, auec lequel ie me rencontray à Xaintes, au retour du voyage de Bearn. Apres le souper, pendant que M. le Gascon accoudé sur la table, s'amusoit à curer ses dents, nous nous mismes à parler de la bonté de nos cheuaux: chacũ disoit du sien, ce qui luy en sembloit. Nostre Gascon apres auoir negligemment mesprisé nos coureurs, dit de si belles choses de son roussin, il luy fit la taille si legere, les membres si proportionnez, & les alleures si belles, que nous en estions rauis. Il nous raconta le seruice qu'il luy auoit rendu au Pont de Cé, & les dägers desquels il l'auoit tiré en ses affaires particulieres, & nous dit de sa force & de son adresse, tout ce que M. de Béjamin pourroit dire du cheual le plus ferme & le plus adroit: & lors que nous croyons qu'il n'auoit rié plus à dire, & que nous estions engagez dans vn discours plus serieux, en nous interrompant il reprit ainsi: Il me vient de souuenir d'vne chose que j'auois oubliée au rapport que j'ay fait de só adresse; c'est que descendant de Bordeaux à Blaye, ie luy fis faire dans le bateau, cent voltes, & autant de passades, & apres tout cela, y a-t'il encore quelque chose à dire ? Oüy, dit vn de la compagnie, il faudroit sçauoir si le bateau estoit fort large, & fort long. Comme mon curedent que voila, qu'en voulez vous dire? Voila le plus excellent cheual qui ayt iamais esté, dismesnous. Bucephal, & Bayard (continua le Gascon, qui s'estoit vn peu eschaufé) n'ont iamais rien eu de pareil à luy, si vous n'en considerez les maistres.

Si ce Gascon eut bonne grace, M. de B. ne l'a pas mauuaise, qui nous ayant dit de son Eloquence, tout ce que Ciceron eust peu dire de celle d'Isocrate, ou Isocrate de celle de Ciceron, s'il eust esté de son temps, apres auoir espuisé toutes les sources des Sophistes, & s'estre fait des couronnes de vanité, des plus belles fleurs de leur art, apres, dis-je, s'estre esleué si haut, que nostre pensée a bien eu de la peine à le suiure; lors qu'on croioit qu'il auoit tout dit, & que lassé de se louër, il s'estoit pris à mesdire, reuenant à sa resuerie, comme vn homme à qui la fiéure commence à redoubler; *Il me vient de souuenir* B. 317. *(dit-il) d'vne chose que j'auois oubliée au iugement que j'ay fait de mes escrits; c'est qu'encore qu'on n'ayt pas dessein d'en retenir precisement les paroles, elles sont neantmoins si bien & iustement placées, qu'auec cest ordre & œconomie admirable, elles entrent sans resistance, dans les plus malheureuses memoires, & s'attachent si fortement à l'imagination de ceux qui les lisent, qu'elles deuiennent comme parties d'eux-mesmes. Au reste, de ceste œconomie & par-* B. 115. *faitte distribution des mots, il se forme vn son, qui rauit le lecteur, & qui chatoüille les sens, autant que le reste contente l'esprit. C'est ceste vertu secrette de l'Oraison, qui agit sur le corps des auditeurs, afin que l'hô-*

me soit vaincu tout entier, & que sa seconde partie ne s'exente pas de la jurisdiction de l'Eloquence. C'est ce que les anciens Rhetoriciens ont appellé le mystere de leur art, ce qui persuade nostre ouye, auant que la raison ayt persuadé nostre intelligence. Car il faut que vous sçachiez que mes liures parlẽt, ny pl⁹, ny moins, que les tableaux de Michel Ange, ausquels il ne manquoit que la voix : & ceste prononciation que Demosthene a tant estimée, se cõserue, non pas toutesfois sans charmes, dãs les lettres que ie fais. Aussi

B. 320.

,, est-il certain que ce mystere, qui
,, feroit aymer les François aux na-
,, tions qui habitent au bord de la
,, mer glaciale, & sous la Zone tor-
,, ride, & generalement à tous les
,, peuples qui ne sont point sourds,
,, quelques barbares qu'ils puissent
eſtre;

estre, ce mystere, dis-je, n'a ia- "
mais esté reuelé à homme du "
monde, si parfaittement qu'à "
moy : & que les accords de la "
musique, & les nobres des vers, "
ne sont pas plus iustes & plus re- "
glez, que la cadence de mes pe- "
riodes. Et ie soustiens que quád "
j'aurois fait vne lägue nouuelle,   B. 321.
& que j'aurois meslé à mó choix, "
les consonantes, & les voyeles, "
en la composition de mes mots, "
afin qu'il n'y eust aucune sorte "
de discordance, ny de rudesse, ie "
ne contenterois pas les bonnes "
oreilles, plus que ie les contente. "
Car il est vray qu'elles demeurét "
tousiours satisfaites à la derniere "
syllabe de mes periodes, & ne "
trouuét iamais, ny trop, ny trop "
peu, d'vne seule lettre. Ie dis que   B. 322.
mon style a vne harmonie, qui "

T

,, touche les passions, qui va iuf-
,, ques à l'esprit, qui esmeut tout
,, l'homme interieur, & est capable
,, de faire les mesmes effets, que ceux
,, qu'on raconte de l'ancienne lyre,
,, lors que selon la difference de ses
,, tons, elle mettoit en colere, ou ap-
,, paisoit Alexandre.

B. 322.   *Apres tout cela, y a-t'il encore quelque chose à dire?* Oüy, respond Hortensius, vous auez parlé des voyeles, & des consonantes, qui font vos syllabes : vous auez dit quelque chose des mots, & des periodes qui formét vostre discours : mais vous n'auez rien dit de sa liaison, ny des passages d'vne periode
,, à vne autre. Ils sont (continuë-t'il)
B. 324. cóme les rouës du chariot du So-
,, leil, d'or & de pierres precieuses,
,, & ceux qui se sont meslez deuant
,, moy, d'escrire, ou de parler, n'ayás

mis à leur vsage, que le cuiure & "
le verre, ne sçauroient entrer en "
comparaison auec moy: Sene- " B. 323.
que n'est point honneste hom- " B. 325.
me, & Ciceron est vn igno- " B. 326.
rant. "

Vous auez desormais tout dit,
ô le plus excellent des hommes!
Mais ces grands personnages,
dont nous admirons les escrits,
n'eurent-ils rien de commun
auec vous? Ils eurent cela, que "
comme ie suis auiourd'huy atta- "
qué des petits Docteurs de no- "
stre temps, ils furent blasmez des " B. 327.
ignorans de leur siecle: Caluus, " B. 328.
Asinius, & Brutus, s'esleuerent " B. 329.
contre Ciceron: Aristophane "
contre Socrate: Sciopius contre "
Scaliger: Virgile, & le Tasse, eu- "
rent pareille disgrace à leur aue- "
nement; tous les mauuais Poëtes "

T ij

,, de leur temps, s'opposerét à leur
,, gloire, & ne peurent supporter
,, l'esclat d'vne si grande lumiere,
,, nomplus que les petits Docteurs
,, de nostre siecle, les trophées que
,, i'esleue à ma reputation.

Si celuy qui est accusé de crime, pouuoit estre admis à verifier que les hommes de bien ont esté persecutez, & que le tesmoignage qu'il en apporteroit, peust poser son innocence ; ie ne sçay, Per. qui ne seroit innocent. Les Sages, & les Philosophes, n'ont pas seuls trouué des persecuteurs, les fols & les ignorans trouuent encore qui les chasse. Gorgias le

B. 101. ,, Leontin, Callisthenes, Clitar-
,, chus, Amphicrates, Hegesias, &
,, autres dont nous n'auons pas les
,, liures, furent l'objet de la mo-
,, querie du Sophiste Longin, ainsi

que M. de B. celuy d'Hortenſius, « & de F. André. Et cela eſtant, ne faut-il pas qu'il ſe conſole en la cópagnie de tant de grands perſonnages, & qu'il die deſormais auec eux, *habemus & noſtros anſeres*?

B. 329.

Ie paſſerois maintenant à la derniere partie de ceſte Apologie, n'eſtoit que j'ay encore à reſpondre à vne objection, que ie n'ay peu mettre entre les defauts, que les ennemis de M. de B. s'imaginent en ſon Eloquence, &c. Il y en a donc, qui trouuét mauuais, qu'il ayt fait des Lettres trop eloquentes, & diſent qu'vne inſcription ſi baſſe, ne deuoit couurir que des choſes ordinaires, &c.

B. 330.

M. de B. eſt ſi ingenieux à ſe faire des loüanges, que ſi Hortenſius luy auoit dóné vn ſouflet pour l'offenſer, il diroit qu'il l'a chatouillé pour le faire rire. On luy dispute la qualité d'Orateur, & ceux qu'il appelle ses ennemis, luy soustiénét que de simples Lettres, quelque beauté qu'elles ayent, ne la peuuent meriter: Et luy, renuersant ceste objectió, dit qu'on l'accuse d'estre trop serieux, & trop eloquét. Mais qui ne void que celui qui luy auroit fait ce reproche, l'auroit loüé, au lieu de l'injurier? Les Gascons disent dans leur belle humeur, qu'on les blasme d'estre trop vaillans: Et M. de B. qui n'est pas moins sçauant qu'eux, dans le style de la vaine gloire, nous veut persuader qu'il y en a qui trouuét mauuais qu'il ayt fait des Lettres trop serieuses & trop eloquentes. Mais comme il est bien veritable que personne ne luy a fait ce reproche, il y a apparence aussi qu'il a voulu dire qu'on ne vouloit pas accorder à ses Lettres, ce qu'on donne à l'Oraison. La consequence qu'il tire du long discours qu'il fait icy en leur faueur, nous asseure de ceste verité, lors qu'il dit: *On nous a debatu ceste qualité d'Orateur, auec des objections ausquelles si ie ne me trompe, il a esté plainement satisfait.*

B 557.

Que s'il n'est question icy, que de sçauoir si des Lettres peuuent donner à leur autheur, ceste qualité, & que M. de B. ayt dessein de nous prouuer qu'il en merite la gloire; n'est-il pas vray, Per. que ceste Chronique recherchée de ceux qui ont consigné les marques de leur esprit dans ceste sorte d'escrire, luy sera infructueuse, & que Oger, & ses autres Quinolas, qu'il met à tous bons vsages, auron trauaillé vainement ? Car il faut aduouër encore cela icy, comme en tous les autres endroits de son Apologie, qu'il a ce malheur de n'apporter aucun argument, duquel on puisse tirer vne consequéce raisonnable, pour le fait qu'il veut poser : Ou ils ne concluënt rien du tout, ou ils concluënt le contraire de sa pensée. Aussi tant s'en faut que ceux qu'il apporte pour resoudre ceste question, soiét des armes en ses mains, qu'il semble qu'il ne les ayt fait voir à ses ennemis, que pour leur donner occasion de s'en seruir, afin de le mieux défaire.

Et en effet, si i'auois à prouuer que celuy qui ne se mesle que de faire des Lettres, ne peut pas meriter le nom d'Orateur, i'alleguerois comme luy, que les plus grands

hommes qui ayent paru sur la ter-"
re, nous ont laissé dans des ouura-"
ges qui portent le mesme titre que "
celuy de M. de B. tout ce que nous "
auons de rare & de precieux. Ie B. 335
dirois que c'est sous le titre de Let-"
tres, que S. Paul nous a consigné "
les plus gráds secrets de la Religió; "
& le Philosophe Latin, tout ce "
qu'il sçauoit de la sagesse humaine: "
Que c'est dās des discours qui por-"
tent le mesme nom que le liure de "
M. de B. qu'Epicure, qui plusieurs B.336
siecles apres sa mort, eut l'hóneur "
d'auoir Iules Cesar pour escolier, "
auoit mis toute son Ethique; & "
que ce qui nous reste de sa Phisi-"
que, & des opinions qu'il a tenuës, "
touchant les principes des choses "
naturelles, s'est conserué dans vne "
Lettre, que Diogenes Laërtius a "
sauuée du naufrage de ses autres "

B. 327. œuures. Et venant aux autheurs
» d'vne plus saincte Philosophie, ie
» dirois encore, que c'est dans des
» Lettres, que sainct Hierosme nous
» a laissé les richesses de son esprit:
» Que ce n'est pas sous vn titre plus
» superbe & plus ambitieux, que ce
» sainct personnage, Isidore de Pe-
» luse, a traitté auec vne grace non-
» pareille la plus grande partie des
» mysteres de nostre foy. Que di-
» rois-je de plus? que sainct Basile le
» Grand, sainct Gregoire de Naziä-
» ze, Synesius Euesque de Cyrene,
» sainct Cyrille Alexandrin, sainct
» Cyprian, sainct Augustin, sainct
» Gregoire Pape, sainct Bernard, &
» les autres Peres de l'Eglise Orien-
» tale, ne parlerét iamais si puissam-
» ment, ny auec plus de force, qu'en
» leurs Epistres, soit qu'ils expliquét
» aux fidelles, les veritez de la Reli-

gion, ou qu'ils leur donnent des preceptes de bien viure. Si i'auois donc à prouuer que M. de B. ne peuſt eſtre dit Orateur, à la faueur de ſes Lettres; i'alleguerois ceſte longue chaiſne d'Autheurs, & dirois apres, que ſi ces Peres, ces Docteurs, ces Philoſophes, & ceſt Apoſtre, qui ont remply tout le monde d'eſtonnement & de merueille, deſquels nous auons appris tout ce que nous ſçauons de la Theologie, de la Philoſophie, & des meurs, n'ont ſceu obtenir, par la richeſſe de leurs Lettres, la qualité d'Orateur, quelle grace & quelle vertu particuliere, peut trouuer M. de B. dans les ſiennes, qui la luy puiſſe acquerir? Car il eſt tres-veritable, que nous ne trouuons pas que ces Autheurs, quoy que rares, ſoient appellez

Orateurs: il se peut faire que quelques-vns l'ont esté, mais nous ne voyons pas, dans l'vsage & la prattique ordinaire, qu'ils en ayent gardé le nom; Ciceron, & Isocrate, sont les seuls de tous ceux que M. de B. allegue, qui se le sont conserué. Mais quand nous luy accorderons ce qu'il pose, & qu'il sera vray, que la Lettre qu'Isocrate es-

B. 342. criuit à Philippe, aura esté le plus
,, grand effort de son esprit: que Ci-
,, ceron ne nous aura rien laissé de
,, plus graue, que ses Dialogues: que
,, ses Lettres, ausquelles il a donné
,, son loysir, peuuent disputer de la
,, beauté, auec les plus belles de ses
,, Oraisons: que celle qu'il escriuit à
,, son frere, pour luy seruir d'instru-
,, ction en son gouuernement de
,, l'Asie, est vne des merueilles de
,, l'antiquité: Quãd nous luy aurons

accordé cela, & que de plus, nous consentirons que la moindre de ses Epistres soit plus riche, & plus esclatante, que la plus belle de ses Oraisons; quelle consequéce voudra-t'il que nous tirions de ces choses accordées? N'est-il pas vray que si Ciceron n'eust fait que ses Dialogues & ses Lettres, nous ne le cognoistrions pas dans l'Histoire, pour l'Orateur des Latins: Que si les œuures les plus rares, ne sont pas celles qui luy ont acquis ce qu'il a de plus glorieux; faut-il pas necessairement conclure que ceste vertu fut attachée à la cause qui le fit tel? Ce furét ses Oraisons, quoy que moindres que ses Lettres, qui le firent Orateur: ce furét les actions du Barreau, & non pas celles du Cabinet, qui l'esleuerent à ceste gloire : ce fut son discours,

& non pas ses escritures, qui luy en donnerét l'honneur? Et cela estāt, que peut pretendre M. de B. de la beauté de ses Lettres, fussent elles encore plus belles, que celles de cest Orateur? En peut-il esperer ce nom, qu'il n'a pas obtenu d'elles? Ie sçay bien qu'il est tres-marry que le temps qu'il met à les com-

B.331. poser, ne soit employé à des occa-
" sions plus esclatantes, & que ce
" que nous appellons Lettres, ne soit
" Harangue, ou Discours d'Estat:
Mais quand la fortune luy seroit
" encore plus ennemie, il reste la

B.349. Chaire des Predicateurs, où son
" Eloquence peut tenir le siege de son Empire. Ie luy ay donné le moyen, pour y paruenir; que sans attendre les dignitez Ecclesiastiques, il recoure à la Sorbóne, qu'il paroisse dans nos Eglises, qu'il s'y

face ouïr, & que brauant l'impudence & l'ambition, il y commande à toutes les ames. Car il ne faut pas qu'il se flate, s'il veut estre appellé Orateur, il faut qu'il en viéne là. Ces beaux tableaux, dont les couleurs & les graces, nous promettrét tout ce qui fut sur la terre, d'auguste & de venerable: ces miraculeux ouurages, qui doiuent porter les marques glorieuses de la vertu de nos Roys: ceste Philosophie d'Estat, qu'il doit traitter auec vn iugement & vne lumiere non-pareille: ceste Histoire ou ces traittez, qui luy pourront donner de la gloire; ne luy donneront pas ce nom. Car comme le Sonnet est le chef d'œuure de la Poësie Toscane, & qu'en Italie, les Poëtes Epiques n'ont point fait quitter le premier rang à Petrarque, qui n'a fait que des

Sonnets : il en est de mesme de l'Oraison. Comme le Sonnet, elle a ses reigles & ses mesures, & cō-me luy, quoy que restreinte aux parties qui la composent, elle a merité la gloire de tenir le premier rang sur toute autre sorte de dis-cours. C'est par elle seule, que les hommes sont appellez Eloquents. *L'Orateur, selon la définition de Caton, n'est autre chose que l'homme de bien, qui sçait bien dire.* S'il n'est autre chose que cela, celuy qui es-crira bien, s'il ne parle, ne sera pas Orateur. Que si le bien escrire, est quelque chose de different au bié dire, & que le bien dire presuppo-se l'Eloquence ; n'est-il pas vray que les discours, & non pas les es-critures, nous la feront meriter ? Aussi est-il veritable que ceux qui ont

ont donné ceste qualité aux Autheurs qui ont bien escrit, ont supposé qu'ils parloient comme leurs liures, ou bien ils ont abusé du nó, & pris largement pour eux, ce que le seul Orateur, qui parle bien, merite par excellence. Car il est tres-vray, Per. qu'on ne peut proprement appeller Eloquent, celuy qui ne s'explique qu'à la faueur de sa plume. Les noms conuiennét aux choses, & nous ne les proferons que pour les signifier: & cela estát, pourquoy celuy d'Eloquéce, qui tire son origine d'vn verbe, qui signifie parler, sera-t'il propre aux graces d'vn muet, qui s'exprime dans vn liure?

Il faut pourtant, me pourras-tu dire, qu'entre ceux qui se meslent d'escrire, celuy qui escrit bien, ayt quelque nom, qui le distingue d'auec les autres qui n'ont pas ce don. Aussi a-t'il: Car comme l'Orateur s'attribuë par excellence, la qualité qui luy est la plus propre ; celuy qui escrit s'acquiert aussi le nom de ce qui luy est de plus familier. Le plus familier de l'Orateur, est de parler ; & le plus propre de celuy qui escrit, est d'eslire. Que si tu veux sçauoir d'où vient que pour signifier qu'vn Autheur escrit bié, on s'est seruy de ce terme d'Eloquence ; il faut que tu apprennes que le parfait Orateur a deux parties principales, l'Elegance & l'Action. L'Action regarde la prononciation, & les mouuemens du corps: l'Elegáce, le choix des mots, & la grace & raison de leur assemblage. Celuy qui escrit bien, se cóserue ceste derniere partie ; & par ce que ceste partie est quelque chose de l'Eloquence, on l'appelle abusiuement Eloquent. Et toutesfois son Histoire, ses Lettres, ou ses Traittez, qui ont toutes les graces necessaires, ne luy peuuent dóner par excellence, que la qualité d'Elegant. Mais par ce que celuy qui dit bié en public, ne s'acquiert pas seulement ce nom d'Eloquét, pour estre distingué des autres Orateurs, mais encore d'Orateur Eloquent, pour trouuer sa difference parmy ceux qui ne discourent pas, comme luy, dans le Barreau, ou sur nos Chaires : s'il arriue à celuy qui escrit bien, de vouloir adiouster à ceste qualité d'Elegát, quelque autre titre d'hóneur, qui le distingue d'auec les autres, qui ne s'expriment pas par vne mesme sorte d'escrire ; il faut qu'il considere que les Escriuains ont pris

V ij

leurs titres, ou des choses qu'ils ont traittées, ou du procedé qu'ils ont tenu à les traitter. Et comme l'Oraison a donné le nom d'Orateur, à celuy qui l'a pronócée; l'Histoire donne le nom d'Historien, à son Autheur, la Poësie au Poëte, la Philosophie au Philosophe, la Medecine au Medecin. Que s'il n'escrit point d'Histoires, s'il ne compose point de Vers, s'il ne traitte point de la Philosophie, ou de ceste science, qui fait l'homme Medecin; mais qu'il s'amuse simplement à faire des Lettres: qu'il regarde la qualité, que se sont donnée ceux qui ont cósigné les marques de leur esprit, dans ceste sorte d'escrire; ils se sont appellez Secretaires: mais par ce qu'il y en a de diuerse sorte, auiourd'huy que M. de B. pretend que ses Lettres ont toutes les parties de l'Elegance; si ce n'est pas assez à luy, que de s'inscrire Secretaire particulier, Secretaire general, Secretaire d'Estat, Secretaire Ecclesiastique, Secretaire Royal; qu'il se face appeller, s'il veut, Secretaire par excellence: côme il acquerra ceste belle qualité, sans contredit, il se la conseruera, sans enuie.

L'Orateur, selon la definition de B. 352. *Caton, n'est, &c.*

Comme le vase retient en quelque façó, la senteur des huiles qu'il a conseruées; il reste à nos ames, de la felicité qu'elles ont veuë dans le Ciel, quelque rayon de lumiere: ce peu de feu leur inspire l'amour de ce bien, elles le cherchent: mais par ce que ce mesme feu, qui leur en donne le desir, se trouue offusqué par les passions des sens, &

qu'elles ne peuuent à sa faueur, en considerer l'image, elles courent apres celle que ces mesmes sens leur representent, & ne se souuenans plus, que leur souuerain bien est en Dieu, d'où elles sont emanées, elles le veulent trouuer dans le commerce du monde. Sardanapale le cherche dans les mollesses, Crœsus dans ses tresors, Alexádre dans les combats, l'Orateur aux actions publiques, le laboureur sur la terre, & le Pilote à la mer. Ainsi tous les hommes, par des moyés differens, cherchent vne mesme chose, & n'est pas iusques aux flateurs, & aux hypocrites, qui ne s'é proposent la iouïssance. Vn certain Psaphon de Libye, ayant assez bien philosophé que la vraye felicité ne se trouuoit pas dans la vanité des hommes, se mit dans l'esprit, de se faire vn Dieu, afin de la posseder : & par ce qu'il s'imagina que ceste felicité ne consistoit qu'au parfum des sacrifices, & qu'il voyoit que tant d'Idoles adorées, n'estoient au nombre des Dieux, que par l'opinió des hommes; il ne se mit pas en peine de presager l'aduenir, ou de faire des miracles: il chercha seulement le moyen de faire croire à ces mesmes hommes, qu'il estoit vn Dieu, afin d'auoir des autels. Pour paruenir à ce bien, il amassoit tous les iours, de ces petits oyseaux, ausquels on apprend à parler, & les cageoloit si bien, qu'il leur apprenoit à dire, *Psaphon est vn puissant Dieu*: & comme il voyoit qu'ils estoient bien asseurez de leur leçon, il leur redonnoit la liberté. De sorte que ces petits oyseaux ne chantans autre chose dans la Libye, porterent les Libyens, qui prindrent leur petite note, pour vn augure diuin, à recognoistre Psaphon, pour la diuinité du païs: ils erigerent à Psaphon, des Temples, ils luy esleuerent des autels, & ordonnerent des sacrifices. Ainsi Psaphon, qui n'estoit pas le plus sage des hommes, fut mis au nóbre des Dieux. M. de Balzac, qui est dans vne pareille vanité, ne cherche pas sa felicité dans les voyes du vulgaire, il ne se contenteroit pas qu'on dist qu'il fait assez bien vne Lettre, qu'il escrit de bóne grace, ou qu'il parle bon François: il veut perdre ce nom de Balzac, dans la qualité d'Eloquent par excellence. Et par ce qu'il a pris garde que ceux qui ont merité ceste honneur en la langue Grecque, ou Latine, l'ont emporté par l'applaudissement des hommes, sous le titre d'Orateur; il ne luy importe pas d'estre tel: son soin est seulemét à nous persuader qu'il l'est, & ne s'estimera pas moins heureux que Psaphon, si Oger, & quelques autres Perroquets, qu'il appréd à parler, nous le peuuét faire croire. Nous auós veu iusques icy, la peine qu'il a prise à nous remonstrer qu'il sçauoit bien dire: maintenant, par ce qu'on luy a dit que Caton, qui desire la sagesse à l'Orateur, la luy attribuoit, comme vne qualité necessaire, sans laquelle il ne pouuoit estre tel; comme il nous a fait voir qu'il estoit biendisant, il nous veut prouuer qu'il est sage. Si ie croyois que ce qu'il a resolu de noº dire pour ce subjet, en peust donner le soupçon, ie retournerois au commencement de ce discours, pour luy reprocher encore vn coup, le peu de moderaration, dont il vse pour sa défense: Ie luy marquerois de nouueau, ses erreurs, ses mesdisances, ses coleres, ses vanitez. Mais comme il ne cherche ce nõ d'Orateur, que dãs l'opinion des hommes, nous trouuerons aussi, que le tesmoignage qu'il apporte de sa sagesse, se peut dire vne opinion, qui n'ayant aucun fondement en la raison, a besoin pour estre persuadé, de quelque grace surnaturelle, comme vn article de foy.

L'Orateur (dit-il) selon la definition de Caton, n'est autre chose que l'homme de bien, qui sçait bien dire; & quiconque luy oste la sagesse, le priue de sa principale qualité, de sorte qu'il ne peut plus passer que pour vn discoureur, & pour vn Sophiste.

Il adiouste à cela, le malheur « B.354. qui arriue aux Republiques, lors « que l'Eloquéce, qui est vn instru- « ment capable de renuerser tout le « monde, tombe entre les mains des « meschans: Aduouë qu'il s'est trou- « ué de mauuais esprits, capables « d'irriter, & de seduire des peuples. «
Et puis il veut que le parfait Ora- B.355. teur, qui doit estre bien-disant & « vertueux tout ensemble, puisse « seul persuader les choses honestes, « soit à cause que l'Eloquence des « effets, est plus forte que celle des « paroles, ou soit par ce qu'il est im- « possible de les bien persuader, si « on n'en cognoist parfaittement la « vertu, & les proprietez: ce qu'on « ne peut faire que par la prattique « mesme de l'honnesteté, & de la «

« vertu. Et comme il n'est pas possi-
» ble qu'vn flambeau esteint en al-
» lume vn autre : aussi (dit-il) il n'y
» a gueres d'apparence qu'vn hom-
» me qui n'ayme pas la vertu, nous
» puisse donner la passion qu'il n'a
» pas luy-mesme. Et puis de toutes
ces choses posées, il arguméte ain-

B. 356. *si. Si donc ceste vertu n'est point si*
agreabl: toute nuë, que lors que M. de
B prend le soin de la parer; & si elle
ne fait point de si forte impression sur
les esprits, que quand elle emprunte
ses paroles; qui doutera qu'elle ne ren-
de vertueux celuy qui la rend si elo-
quente, & que celle qu'il fait si bien
parler, ne luy apprenne à bien
faire?

Ie laisse aux Rhetoriciens, &
aux Dialecticiens, à considerer si
ce *Si donc*, est raisonnable, & si
poser qu'il faut estre vertueux,

pour persuader les choses honnestes, soit dire que M. de B. fait bien parler la vertu. Mais soit qu'il y ayt du galimatias dans la liaison de ces belles paroles, ou qu'il ayt peu tirer, par quelque voye indirecte, des choses antecedétes, ceste sienne intention ; il veut dire qu'il est sage, par ce qu'il est Eloquét. Voila qui est bien delicat, & ie prie tous les esprits qui sont capables de ceste speculation, d'en considerer le goust. Il vient d'oster à celuy qui sçayt bien dire, la qualité d'Orateur, par ce qu'il n'estoit pas sage ; il en a fait vn discoureur, & vn Sophiste : Et maintenāt il veut prouuer qu'il est sage, par ce qu'il sçayt bien parler. Si le bien dire presuppose la sagesse, pourquoy ne sera pas Orateur, celuy qui parlera bien ? Que s'il n'est pas vne

B. 354.

B. 357.

marque infaillible de la vertu de l'Orateur, par quelle raison veut-il que nous croyons qu'il est sage, par ce qu'il est Eloquent?

Celuy qui apres auoir vieilly dans les sciences, disoit publiquement qu'il sçauoit bien vne chose, Qu'il ne sçauoit rien du tout; donnoit vn meilleur tesmoignage de sa suffisance, que M. de B. ne fait pas de sa vertu. Aussi auroit-il eu meilleure grace à dire qu'il ne se cognoissoit sage, qu'en vne chose, Qu'il ne croyoit pas de l'estre; que non pas de nous apporter les graces de son discours, pour argumét necessaire d'vne infaillible vertu. Salomó le plus sage des hommes, considerant la foiblesse de sa nature, aduoüa que sa sagesse n'estoit qu'vne vanité, il en tira vn argument de folie. Et M. de B. plus sage que Salomon, veut tirer vne conſequence de ſageſſe, de l'art qu'indifferemment prattiquent les vertueux, & les vains: Il eſt ſage, par ce qu'il eſt Eloquent. Ceſte penſée l'a charmé: quoy qu'elle ne ſoit pas ſienne, elle luy vaut mieux que l'approbation ces Oracles: il ne ſe changeroit pas deſormais auecque Socrate, & pourroit finir " par là, ſi tous les hommes eſtoient " capables d'vne ſi delicate ſpecula- " tion. Mais comme il a plainement " ſatisfait à ceux qui luy debatoient " ceſte premiere qualité d'Orateur, " il veut encore reſpódre à ceux qui " luy diſputent celle d'homme de " bien. Ce qu'il fera d'autant plus fa- cilement, que les accuſations deſ- " quelles on l'a chargé, ſont fort le- " geres, & peu conſiderables, puis " qu'on prend des maladies pour des "

B. 557.

B. 558.

„ crimes, & qu'on veut faire passer
„ la magnanimité, pour vaine gloi-
„ re. Suiuons sa melancholie, dans
l'eloge qu'il en fait: Ses vanitez
finiront nostre discours, comme
son Apologie.

B. 358. *Apres auoir confessé luy-mesme, que sa melancholie est purement corporelle, mais que son esprit y cede, encore qu'il n'y consente pas; & que de deux parties, dont il est composé, la plus noble est emportée par la plus pesante; il y en a qui l'accusent de la constitution d'vn corps qu'il ne s'est point fait, & ne veulent pas luy permettre d'estre triste. C'est neātmoins de ce temperamēt, qu'ont esté autresfois les Prophetes & les Philosophes, &c.*

L'ame raisonnable n'agissant pas esgalement dans tous les temperamens, il faut necessairement que

que celuy-là luy soit propre, dedãs lequel elle opere auec plus d'authorité. Car elle n'est pas infuse en nos corps, pour les animer simplement; elle y est enuoyée, pour y commander, ses fonctions y doiuent estre libres, nos humeurs, nos passions, & nos sens, doiuent estre soumis à elle, comme le peuple à son Roy. Et comme nous voyons auiourd'huy, que la rebellion de quelques subjets, altere toute la France, & que nostre Prince, qui la deuroit commander sans empeschement, ne s'y trouue pas seulement desobey, mais encore distrait de ses plaisirs particuliers: Nous pouuons dire aussi, lors qu'elle trouue de la repugnance en quelque partie du corps, qu'elle n'y est pas seulement troublée en l'authorité des autres parties qui luy sont subjettes, mais encore en ses propres exercices, & particulieres operatiós. Mais quelques contrarietez qui se trouuent en nos corps, si faut-il que comme le Roy peut estre obey dans toutes les parties de son Royaume, il soit possible que l'ame rencontre vn temperamét, dans lequel elle puisse est absoluë. Car il est impossible de conceuoir qu'elle ayt esté ordonnée pour regner, si premierement on ne luy establit vn Estat, dans lequel elle ayt pouuoir de ce faire. Mais, P. comme quoy trouuerons nous cest Estat ? Qui nous asseurera de ceste constitution? S'est-il trouué parmy les hommes, quelqu'vn qui n'ayt point senty de la contradiction en soy-mesme, pour en oser tesmoigner: Certes ie ne pense pas que nous la puissions trouuer en sa perfection: l'esprit & la chair sont dans vne guerre eternelle, & j'oserois bien croire que le peché qui nous vient d'Adam, cause ce desordre en nous. Toutesfois côme noꝰ disons que les Republiques, quoy qu'il y ait tousiours quelque chose à refaire, sont en vn terme de felicité, lors que leur Estat approche en quelque façon, de celuy que leur ont estably les Politiques : nous pourrons dire aussi, que le corps de l'homme sera dans le temperament que nous cherchôs, qui s'approchera le plus de la constitution, qui luy est la plus naturelle. Posons donc ce qui est tres-veritable, Que ce que la nature est au monde vniuersel, l'ame raisonnable l'est à l'homme, qui en est vn abregé. Celle-là anime ce st vniuers, toutes choses sont pleines de son esprit : de mesme celle-cy anime le corps de l'homme, & est toute en ses parties. Celle-là agit par la disposiriō des premieres qualitez des elemens, & des saisons : & celle-cy, à la faueur des humeurs, des temperamens, & des âges. Les delices de la nature sont à conceuoir & produire ; & celles de l'ame aussi. Si bien que si nous pouuons trouuer quelque constitution en la disposition des corps sublunaires, que cest esprit vniuersel puisse considerer, comme le subjet necessaire de ses operations ; nous pourrons dire que nous auons trouué le temperamēt propre à l'homme, dans lequel l'ame raisonnable aura ses fonctions & ses joyes, auecque facilité. Mais qui ne sçayt que la chaleur & l'humidité, sont les principes de la vie, qu'ils sont les amis de la nature, que c'est en la cõstitutiõ du Printemps, que ceste bonne mere ouure le sein à la terre, donne la vigueur aux plantes, & inspire l'amour aux animaux ? C'est en luy qu'elle renaist, c'est à la faueur de son humidité, qu'elle pousse & produit touteschoses. Et cela estãt, ne deuons-nous pas dire que le téperament qui correspond à ceste saison, est celuy que l'ame desire, & que la nature mesme a dessein de luy donner ? Aussi est-il vray que c'est dans la constitution du sang, qu'elle paroist absoluë: comme ce temperamẽt luy est ordõné de la nature, elle y agit naturellement: ces contraires humeurs, qui sont nos querelles interieures, y cedent à sa raison: elle n'a point de peine à s'y former ses images, elle les produit en abondance, & les choisit auecque facilité, elle les imprime dans sa memoire, sans aucune resistance, sa volonté ne s'y trouue point emportée par vn excés de chaleur, ny son imaginatió alterée par trop de melancholie. Car comme le corps qui est dans ceste cóstitution, est moins subjet aux indispositions naturelles; elle aussi qui l'anime, est moins diuertie de ses particulieres operations. C'est ceste constitution, que les Medecins desirent pour la santé, & les Philosophes pour la sagesse: c'est celle-là que Socrate admiroit en Phedre, qu'il loüoit en Charmis, & qu'il aymoit en Alcibiades: c'est là mesme, que Cardan a remarquée en la persóne de IESVS-CHRIST, & la seule que nous deuons considerer, comme propre

& particuliere à nos corps. Car puis que nous ne consideros au lion, qui doit estre genereux, que la cóstitution de la bile, qui inspire le courage; pourquoy considererions-nous en l'homme, qui doit estre raisonnable, que le temperamét du sang, puis que c'est le sang, qui fait les esprits de l'homme, & qu'il raisonne par eux? Que si la nature ne donne pas ce mesme téperament à tous, c'est qu'elle ne peut pas venir tousiours à sa fin: & lors que nous disons que Pierre est bilieux, ou que Ieā est melancholique, c'est comme si nous disions que celuy-là fut aueugle, & que l'autre fut boiteux. Car comme nous marquerions par ceste derniere denomination, en quel mébre de leur corps, la nature auroit failly; nous voulons signifier aussi par la premiere, de quelle qualité vicieuse elle corrompit le propre de leur constitution. Expliquons nous mieux, Per. Il en est icy de la nature, ainsi que du liberal : s'il dóne trop, il deuient prodigue : que s'il ne donne pas assez, il reste auaricieux. Or comme il se doit tenir ferme entre ces deux extremes, pour conseruer sa vertu : la nature aussi, qui doit trouuer la perfectió de nostre constitution, dans vn esgal degré de chaleur & d'humidité; si elle dóne plus de chaleur que d'humidité, elle excede par la bile; si plus d'humidité que de chaleur, par la pituite : mais si elle est auare à nous départir ces humeurs, & que par faute d'humidité & de chaleur, nostre constitution demeure froide & seiche, elle tombe dans le defaut de la melancholie, plus ou moins toutesfois, selõ que pl⁹ ou moins, ceste qualité vicieuse est en nous. C'est aussi ce que nous voulons dire, lors que pour dépeindre vn homme de mauuaise humeur, nous l'appellons melãcholique. Estre melãcholique simplement, dans la bouche du vulgaire, c'est n'estre pas du tout sage: mais estre tres-melãcholique, c'est estre absolument fol. Que si la melancholie estoit vne science naturelle, si elle se pouuoit nommer le siege du iugement, & la matiere de la prudéce; plus elle nous seroit attribuée, & plus nous serions parfaits. Car comme nous voulons dire que celuy-là est doüé d'vne vertu tres-parfaitte, que nous appellons tres-vaillãt: nous signifierions aussi celuy-là estre tres-sage, qui seroit tres-melancholique.

B.360.

Mais il n'en va pas ainsi : car comme l'attribution de la vaillance, multiplie nostre vertu; celle de la melancholie diminuë nostre sagesse. Et de dire que les Prophetes, & les Philosophes, ont esté de ce temperamét, par ce qu'ils ont esté tristes; la raison n'en est pas bonne. La tristesse est cómune à tous les autres temperamens, quoy que particuliere à celuy-cy. Que si tu veux sçauoir pourquoy les Prophetes se sont plongez dans ceste douleur d'esprit : apres t'auoir cófessé que leur melancholie, ou tristesse, n'a pas esté corporelle, & que de deux parties, dót ils estoiét composez, aussi bien que M. de B. la plus noble emportoit la plus pesante ; ie te diray que considerans les pechez des hommes, & voyans par esprit de reuelation les maux,

B. 359.

B. 358.

que Dieu vouloit desployer sur son peuple ; ils commandoient à leurs yeux, & à leur bouche, de pleurer, & de souspirer sur Israël desolé, ou sur Sion affligée. Ainsi sont encore tristes ceux qui conduisent leurs amis au supplice, ou leurs parens au tombeau. Et comme nous n'oseriós dire de là, qu'ils fussent melancholiques ; nous ne dirons pas aussi, pour flater le temperament de M. de B. que les Prophetes l'ayent esté. Pour ce qui regarde les Philosophes, nostre melancholique tesmoigne bien qu'il n'a pas frequenté leur escole : car il auroit appris d'eux, que faisans profession d'aymer la verité, qui n'a pour son principal subjet, que l'entendemét ; ils se ramassent tous en leur interieur, pour la chercher & cognoistre. Et cóme c'est d'elle, qu'ils esperēt leur felicité; c'est d'elle aussi, qu'ils tirēt leurs joyes, lesquels estans intellectuelles, ne paroissent pas, cóme celles que nous receuons des objets des sens, sur le front & sur le visage. Ainsi ce que les ignorans appellent erreux, tristesse, ou melancholie, est en bonne Philosophie, extase, ou meditation. Et M. de B. a aussi bonne grace d'attribuer à ceux qui sont maistres de ses passions, ceste qualité ennemie de l'ame & de la nature,

B. 360. que de dire qu'elle est vne ayde
„ corporelle, que Dieu a donnée à
„ la raison, afin que la partie infe-
„ rieure soit tousiours subjecte à la
plus haute. Accordons-luy cela, P.
mais comme quoy nous pourra-
t'il persuader que ceste humeur
B. 358. soit en luy à ce degré, puis qu'il
„ vient de dire en la page 358. que

son esprit y cede, & que de deux
parties dont il est composé, la plus
noble est emportée par la plus pesante ? Qu'il s'accorde auecque
soy-mesme, s'il peut : pour moy ie
tiens pour veritable, que la melancholie, qui entre en tous les tem- B.360.
peramens, est vne ayde à la raison,
lors qu'elle permet que la partie
inferieure soit tousiours subjecte à
la plus haute: & au côtraire, qu'elle
est vne marque de folie, lors qu'elle contraint l'esprit de ceder à la B.358.
chair, & que de deux parties, dont
nous sommes composez, elle fait
que la plus noble est emportée par
la plus pesante. Car de mesme que
la nature a besoin d'vne seicheresse moderée, pour perfectióner ses
fruicts: la melancholie est aussi necessaire à l'ame, pour parfaire ses
images. Mais comme vne trop

grande seicheresse perd les fruicts, & peruertit la nature: vne melancholie excessiue, j'étends celle qui peut donner par excelléce, le nom au temperament ; corrompt les operations de l'esprit, en altere les images, & trouble la raison. Toutesfois, comme on ne fait pas venir en Iustice le malade, des extrauagances qu'il dit dans l'excés d'vne fiéure violéte: ie ne suis pas d'auis aussi, qu'on accuse M. de B. de la constitution d'vn corps, qu'il ne s'est pas fait. Qu'on cósidere qu'il se met dãs les choses raisonnables; il n'est pas fort loin des petites maisons, il s'y est logé à trois portes pres. *Petrus Gilbert*, qui y cede à sa melácholie, lui fera trouuer l'applaudissemét qu'il cherche des hómes de son humeur, il y sera recogneu, sans contredit, pour le Dieu

Balzac.

de l'Eloquence, & le Roy des melancholiques. Là dedans, abfolu
comme les Dieux de Cefar & de
Pópée, qu'il a foulez de fes pieds,
il vfurpera fur les efprits, vne authorité plus abfoluë que celle des
loix & de la raifon. Il pourra, dans
ce Royaume melancholique, efta-
blir ces particularitez, à quoy peu
de gens ont pris garde: c'eft que B. 360.
les autres temperamens n'ayant ‟
pas ce que le fien a de bon, il a ce ‟
que les autres ont d'excellent, puis ‟
qu'il eft certain, comme il dit, que ‟
la melancholie eftant efchaufée, ‟
excite vne vaillāce beaucoup plus ‟
hardie & plus genereufe, que n'eft ‟
celle des bilieux. Il faudra bien
auouër icy, que peu d'efprits ont
pris garde à cefte erreur. Et certes,
à moins d'eftre capable d'vne melancholie efchaufée, il n'y a point

d'homme au monde, qui l'osast mettre en auant.

La vertu consiste en l'action: il faut donc que ce soit elle-mesme, qui la cause, & qui la produise. Ainsi l'auare melancholique, qui apres auoir perdu vne partie de só argent, donneroit son reste, sans dessein, ny sans choix, au premier qu'il rencontreroit, ne feroit pas vne action de liberalité: sa melancholie seulemét eschaufée, tesmoigneroit son despit. Par quelle loy donc, le pusillanime, qui pressé de son honneur, ou de sa vie, donnera quelque tesmoignage de son desespoir; sera-t'il dit genereux? I'adiouste que la vaillance, estant vne vertu naturelle, doit estre actuellement en son subjet: & celuy-là ne peut pas estre dit vaillant, qui n'est pas tousiours en estat de tesmoigner

moigner só courage. Et cela eſtãt, comme quoy pourra paſſer pour hardy, le melancholique, qui a beſoin de quelque cauſe eſtrangere, pour s'eſchaufer à produire vne image de valeur ? Auecque cela, les hómes de cœur, qui ont ſignalé leur courage dás la pouſſiere & le ſang, ſçauent bien que la vaillãce, comme les autres vertus, a ſes plaiſirs, & ſes joyes. Et il eſt tres-vray, que l'ame du liberal ne reçoit pas plus de douceur en donnant, que celle de l'homme fort en combatant pour ſon Prince. Ie dis bien, car nos querelles particulieres eſmeuuent la colere des plus vaillans : & ce mouuement eſtrãger, qui altere noſtre ſang, nous rend incapables de gouſter la volupté que ceſte vertu nous donne. Auſſi comme ceſte action parti-

Y

culiere ne se peut pas proprement appeller vaillance, mais pluftoft colere, où appetit de sang : il est tres-vray, que les mouuemés hardis, & genereux, d'vne melancholie eschaufée, ne peuuent proceder d'vne vertu veritable, côme ceux des bilieux, si noftre melancholique n'a trouué dans sa morale, que la rage & le defefpoir, qui les irrite & les porte, en ayent merité le nom.

B. 361. *Et donne des ioyes plus pures, plus fubtiles, & plus ingenieufes, que celles qui naiffent de l'humeur fanguine, &c.*

Cecy pourroit bien eftre vray, mais il faut sçauoir comment. Nos ioyes peuuent generalement eftre diuifées en veritables, & feintes. I'appelle veritables, toutes celles que nous tirons des objects vrays, soient-ils de l'esprit, ou des sens: & feintes, celles que nous receuons des idées que nostre imagination se fait. Or il est impossible de consceuoir, que la melancholie puisse donner des joyes veritables, plus pures, que l'humeur sanguine; par ce qu'estant froide & seiche, elle n'en peut pas receuoir l'impressió, qu'auecque difficulté. Et il y a bié apparence que M. de B. n'entend pas de parler de celles-cy, puis qu'il adiouste qu'elle les dóne plus subtiles, & plus ingenieuses: ce qu'il luy faut accorder. Car, quoy que l'imagination se puisse former dás vne cóstitution sanguine, des resueries & des fortunes tres-subtiles & tres ingenieuses: elle est pourtát, si abondante à s'en faire de nouuelles, qu'elle ne donne pas assez de temps à la volonté, pour les embrasser. Et comme le sens commun les imprime à la memoire, auecque facilité: l'entendemēt qui les choisit & discerne, sans empeschement, les en efface, sans aucune resistance. Ce qui ne se rencontre pas en l'ordre du melancholique: car l'imagination qui agit dans vn cerueau sec & sterile, ne pouuant pas multiplier ses images, resue long-temps sur vne mesme pēsée. Et cóme les choses que nous grauons sur le bois, sont bien plus difficiles à effacer, que celles que noꝰ imprimons sur la cire : l'entendement ne peut pas aysement oster de la memoire, les images que le sens commun luy a consignées auecque difficulté: si bien que restant presentes, la mesme imagination les reprend, & les redonne: & ce mouuement redoublé, eschause la melancholie en telle sorte, qu'elle esleue des fumées, qui troublent l'entendemét, qui ne se trouuant plus en estat de discerner, & d'eslire, donne ces images mésongeres & feintes, à la volóté, qui les embrasse & cherit, auecque les mesmes joyes, qu'elle fait les veritables. Ainsi ce ieune homme, qui se promenant sur le port, se faisoit riche de toutes les marchandises que les vaisseaux rapportoient, roula si souuent ceste resuerie dãs son esprit, qu'en fin sa melancholie eschaufée, troubla son entendement, & surprit sa volonté : il creut tout de bon, estre Seigneur de toutes ces grandes richesses, & receut de l'humeur qui le persuadoit, des joyes tres-subtiles, tres-pures, & tres-ingenieuses. Il estoit tous les iours sur le port, à voir venir ses vaisseaux, & ne faisoit pas de contes moins agreables de son erreur, que M. de B. de la sienne, qui s'estát imaginé combien il seroit heureux, s'il pouuoit estre le Dieu de l'Eloquence, nous dit de si belles choses de ceste resuerie qui l'a surpris, que le public luy deuroit ordonner vn fonds, pour l'obliger à cōtinuer ses folies. Et certes, nous donnons nostre argent aux Comediens ordinaires, auecque moins de raison, puis qu'il est vray, que nous ne receuons pas tāt de plaisir des vanitez que leur Capitan, & leur Dottor, nous font ouïr sur leurs theatres, que des ioyes subtiles & ingenieuses, que nostre Orateur se fait.

Toutesfois les maladies d'esprit peuuent estre mises au nombre des infirmitez naturelles; & cela

estant, il faut prier ceux qui trouuent estrange que M. de B. parle "B. 362.
trop souuent dans ses Lettres, de "
l'estat de sa santé, de se souuenir "
que les Anciens commençoient "
toutes les leurs, en ces termes, *si* "
vales bene est, ego quidem valeo. "

Il est vray, Per. que les Epistres
familiaires des Anciens, que nous
appellons comme cela, pour auoir
esté escrites à la femme, ou aux familiers amis, portent quelque
marque de ce qu'il dit: encore auiourd'huy les modernes, qui ont "B. 345.
creu qu'il importoit fort à la po- "
sterité, de ne perdre pas vne seule "
de leurs sottises, & de sçauoir ce "
qui se passoit entre leur femme & "
leurs domestiques, parlent ordi- "
nairement dans leurs Lettres, de
leur indisposition. Mais qu'a cela
de commun auecque les Lettres

de M. de B. qu'il n'adreſſe qu'à des Cardinaux, ou à des Pairs de Frãce, & qui le plus ſouuent traitte de la Philoſophie, iuge des actiõs des hõmes, & fait le Panegyrique des grãds hommes de ce ſiecle? Crois-tu, Per. que Ciceron rempliſt celles qu'il eſcriuoit à Pompée, ou aux Conſuls Romains, du recit de ſes maladies? Et t'oſerois-tu imaginer que celle qu'il eſcriuit à ſon frere, pour luy ſeruir d'inſtruction en ſon gouuernement de l'Aſie, ſe trouue interrõpuë d'vn ſi lãguiſſant diſcours? Auſſi ne crois-je pas qu'Epicure, dans ceſte belle Lettre, que Diogenes Laërtius ſauua du naufrage de ſes autres œuures, ſe ſoit plaint de ſes douleurs: ny que ſainct Hieroſme eſcriuant à Heliodore, parle de ſes reſueries. Iſidore de Peluſe, ſainct Baſile,

B. 346.

B. 341.

B. 357.

B. 338.

sainct Gregoire, & les autres Pe- "
res de l'Eglise, soit qu'ils expliquét "
aux fidelles, les secrets de la Reli- "
gion, ou qu'ils leur donnent des "
preceptes de bien viure, ne s'amu- "
sent point à cela. L'Epistre *Diui
Adriani* n'en porte aucune im- B. 344.
pression : & celle qu'escriuit Iso- B. 342.
crate à Philippe Roy de Macedoi-
ne, n'eust pas merité de causer la
ruine de l'Empire des Barbares, si
Alexandre, qui fut l'heritier des
entreprises de son pere, eust trouué en elles, les foiblesses d'vn malade, au lieu des persuasions fortes &
genereuses, d'vn Orateur accom-
ply. Il faut en toutes choses, garder
le respect, & la bienseance : mais
principalement, la bienseance à la
matiere qu'on traitte, & le respect
à celuy à qui l'on escrit. Car il n'est
point honneste, de parler à ceux

qui sont au dessus de nous, auec les mesmes libertez, que nous parlerions à nos semblables. Que si Messala Coruinus alleguoit ses maladies dans les Prefaces de ses Oraisons, il faisoit le tour d'vn bō Orateur: car estant subjet à cracher, & n'ayant pas le poulmon assez fort, pour continuer son discours, sans l'interrompre par fois, pour recouurer son haleine ; il disposoit le Senat à tolerer só defaut, & à voir, auec quelque sorte de commiseration, ce qu'il craignoit qu'il vist auecque desdain. Mais à quoy veut preparer M. de B. les Cardinaux ausquels il donne ses Lettres ? Est-il fort necessaire que des personnes de ceste qualité, sçachent qu'il a gaigné la sciatique, dans la complaisance des sens, ou la maladie de Naples, entre

B. 362.

B. 294.

les bras de Clorinde ? Eſt-ce pour s'excuſer enuers eux, des commiſſions qu'ils ne luy ont point données, ou pour les obliger à conſeruer aux ſiens, les benefices qu'il n'a pas? Tu me pourras dire que quoy que les Lettres que nous voyós de luy, ſoiét addreſſées aux plus gráds hommes de noſtre ſiecle, que ce n'eſt pas à dire qu'elles leur ayent eſté données, qu'il n'auoit pas vne ſi eſtroite communication auec eux, & qu'il s'eſt ſeruy ſeulement de leur nom, pour rédre ſes eſcrits conſiderables. Et c'eſt pourquoy, Per. ils deuroient eſtre plus reſpectueux : Balzac, par leur humilité, s'acquerroit la bien-veillance de ces perſónages, & trouueroit leur approbation : mais il a ſi mauuaiſe grace à ſe ſeruir de l'authorité des perſonnes de qualité, qu'il ſemble qu'il ne les produit que pour raualler leur gloire. Car quoy qu'il die de beau d'eux, il a tousiours quelque plus belle chose à dire de luy: & ce qu'il ne craint pas de

B. 144. mettre en vsage, lors qu'il louë ce-
B. 156. luy qui deuroit défendre à tout
„ autre qu'à M. de B. de le louër, nous le pouuons remarquer icy, en l'hóneur de Messala Coruinus, Il se sert de cest excellent Orateur, pour authoriser le recit de ses maladies, & dit de luy, que quoy qu'il
„ entretint le Senat, comme s'il eust
„ parlé à ses Medecins; on ne laissoit
„ pas pourtát de l'appeller le succes-
„ seur de Ciceron, & de l'escouter
„ auec contentement. Encore (re-
B.362. „ prent-il incontinent) que ie ne pé-
„ se pas que ses maux fussét si agrea-
„ bles dans sa bouche, que ceux de M. de B. le sont dedans ses Lettres:

car il est vray que le plus fascheux «
& le plus importú de tous les sub- «
jets, y change de nature : & côme «
ceux qui estoient mordus des ser- «
pents, guerissoient par la veuë de «
celuy qui leur estoit representé au «
desert; les malades recouurent la «
santé, par la lecture des maladies «
qui leur sont là dedans figurés. En «
vn mot, tous hymnes de la santé, «
que les anciens Poëtes ont com- «
posez à l'enuy les vns des autres, «
doiuent ceder aux discours qu'il a «
faits de ses infirmitez naturelles. Et «
si les Anciens eussent, comme à «
leur Dieu incogneu, voüé vn au- «
tel à la resuerie future de l'Orateur «
pretendu; ils eussent eu plus de rai- «
son, que de mettre la fiéure de leur «
téps, au nombre de leurs Deësses, «
qui n'ayant iamais produit de si «
bons effets que la sienne, n'a eu «

,, qu'auecque iniuſtice, des Temples
,, & des autels.

Voila qui n'eſt pas tant mal imaginé, P. Mais quoy? en voudrois-tu faire informer? C'eſt vn malade qui reſue, & ie te prie de conſiderer que *les hommes qui paſſent l'ordinaire, ſont ſubjets à de grandes infirmitez corporelles: & pour faire ces efforts d'eſprit, qu'on remarque en leurs ouurages, & en leurs actions, il eſt force que l'ame ſe deſtache de la matiere, & laiſſe le corps languiſſant, tandis qu'elle eſt diſtraitte & occupée à des operations plus nobles, & plus excellentes.*

B. 363.

Ce qui a fait dire à vn Seigneur de qualité, que Pierre eſtoit fol de lecture, & qui fait dire encore au vulgaire, qu'on perd l'eſprit à force de ſciences; ce n'eſt pas que la lecture, ou la ſcience, nous face deuenir fols: Mais comme le Soleil, qui cóſerue toutes choſes, eſt cauſe de la corruption de pluſieurs, pour la mauuaiſe diſpoſition qu'il rencontre en leur matiere : elles auſſi, qui perfectionnent les ames, concourent à l'alteration de celles qui s'y trouuent diſpoſées. Et cela pouuons-nous remarquer en M. de B. qui ſe deſtachant bien ſouuent de ſa matiere, languit apres ſa raiſon.

Ce qui a fait dire à Hippocrate, B.364. *qu'il y a quelque choſe de diuin & de ſurnaturel, aux maladies: non qu'il eſtimaſt qu'il y euſt quelque qualité diuine, qui fuſt mauuaiſe : mais par ce qu'il arriue ſouuent, que la partie diuine qui eſt en nous, s'eſtant comme deſgagée des liens du corps, par vne violente attention; il n'eſt pas poſſible qu'il ſe ſouſtienne tout ſeul : & il* tombe de necesſité, en des infirmitez, dont la cauſe ne ſe peut trouuer dans le cours ordinaire de la nature.

Conſidere bien cecy, Per. Hippocrate dit qu'il y a quelque choſe de diuin dans les maladies. Il faut donc que les maladies cauſent quelque choſe de ſurnaturel en nous. Ce que M. de B. ne dit pas, qui ſe voulãt meſler d'interpreter ceſt Oracle, fait cauſer à ce que nous auons de diuin, le mal; au lieu de faire produire au mal, quelque merueille diuine.

Il arriue ſouuent, dit-il, que la partie diuine qui eſt en nous, s'eſtant comme deſgagée des liens du corps, par vne violente attention; il n'eſt pas poſsible qu'il ſe ſouſtienne tout ſeul: & il tombe de necessité, en des infirmitez, dont la cauſe ne ſe peut

trouuer

trouuer dans le cours ordinaire de la nature.

As-tu iamais rien oüy de moins raisonnable, & de plus plaisant: Il ne veut pas que les Medecins puissent trouuer la cause de l'indisposition du contemplatif; & il vient de la donner. Il est vray, mais elle est surnaturelle. Et comme quoy, la contemplation est-elle moins naturelle à l'homme, que le boire, ou le courir? Que si les maladies, qui nous arriuent par l'excés de ces actions naturelles, trouuent leur cause dans le cours ordinaire de la nature ; pourquoy celles qu'vne trop violente attention d'esprit, cause de necessité en no°, n'y trouueront-elles pas la leur?

Certes, P. Hippocrate n'est pas fort obligé à son interprete: aussi est-il vray qu'il le fait parler contre son sens. Car ce diuin Medecin, qui sçauoit bien que les effets qui prouiennent de necessité d'vne cause naturelle, sont necessairement naturels; lors qu'il a dit qu'il y auoit quelque chose de diuin & de surnaturel aux maladies, a consideré les mouuemens du malade, & non pas ceux de la cause qui le fait deuenir tel. Il auoit remarqué, & peut estre en luy-mesme, que les hommes d'vn esprit fort, s'esleuent dans leurs maladies ordinaires, à des meditations si esloignées des sens, qu'elles ne peuuent estre appellées que diuines & surnaturelles; soit par ce que leur ame, qui a delaissé en quelque façon, les parties qui languissent, se trouue plus ramassée en l'entendement ; ou qu'estant moins engagée aux liens qui la detiennent, elle void à trauers sa prison, que la fiéure a entrouuerte, quelque image de son estre, & de sa felicité.

Il ne faut donc point s'estonner si B. 363. *vn homme qui a de si grandes esleuations d'esprit, qu'en a M. de B. à souuent le corps abbatu, &c.*

Ie ne mets pas en doute, que des esleuations d'esprit, pareilles à celles de nostre melancholique, ne puissent reduire vn corps à de tresgrandes infirmitez. Les resueries opiniastrées, ne sont gueres moins nuisibles, que les trauaux assidus. Et comme les œuures vtiles & necessaires, qui portent leur fruit & leur recompése, delassent le corps, par les joyes que l'ame en retire: il sort des inutiles & vaines, qui nous surchargét de honte, vne certaine tristesse, qui altere nostre sang. Et de là ie ne doute pas, comme j'ay dit, que M. de B. ne puisse tomber en des foiblesses surnaturelles. Mais j'ay bien de la peine à remarquer dans ses Lettres, ces efforts d'esprit, qui esleuans son ame à des operations excellentes, font qu'il passe le commun. Ie remarque biē en elles, le fard & la vanité de quelques paroles choisies : mais comme ie ne iuge pas des choses, par leur apparence; ie ne m'arreste pas volontiers à leurs graces exterieures. Que si quelquesfois elles surprennent mes sens, ie les considere auec les mesmes mouuemens, que ie contemple l'Aurore, qui nous presage le iour; ou comme ceste agreable lumiere, qui dore les nuës legeres, pour apprendre à nostre veuë, qu'elles cachēt le Soleil. Et certes, puis que l'homme n'est preferé aux autres animaux, que

B.363.
B.364.

pour sa beauté interieure; il ne faut pas chercher l'excelléce de ses ouurages, dans les graces du dehors. Homere a esté vn des rares hommes de l'antiquité, ses œuures sont merueilleuses, mais en cela principalement, que quelque beauté qu'elles ayent, la Minerue qui les anime, ne souffre pas qu'on se delecte en leur escorce, elle porte celuy qui les lit, à des admiratiós qui ne sont pas tant attachées aux delices du langage. Aussi est il vray que soit qu'on considere l'adresse de son genie, en la composition de sa fable; ou qu'à trauers les figures & les feintes, on cherche l'intelligence de ses merueilleux secrets; sa Theologie, sa Philosophie, & ce qu'vne longue Histoire bien suiuie, nous peut apprendre des hommes & de leurs meurs, emportent tellement les bons esprits apres la beauté interieure de son ouurage, qu'ils n'ont pas le téps de gouster la volupté, que les ignorans peuuét tirer de la richesse & des charmes, des paroles & des vers. Virgile inspiré d'vne séblable diuinité, fait que son Poëme est viuant d'vne puissance pareille : Et certes, quelques enchantemens qu'on récontre en son style, la beauté interieure de ses vers, est le Moly, qui nous conserue dans les voyes des vertus & des pietez, que son Ænée prattique. C'est aussi dans les ouurages de ces Poëtes miraculeux, qu'ô remarque ces efforts d'esprit, qui tirent les hommes de la foule du vulgaire. Ce sont les meditatiós d'vn Aristote, ou d'vn Platon, qui portent les marques sensibles de leur immortalité. C'est vn Plutarque, c'est vn Seneque, c'est vn Pline, c'est vn Ciceron, & vn nombre d'autres, qui par les operations extraordinaires de leur esprit, ont merité les honneurs & les eloges des hommes qui passent l'ordinaire, & qu'on met entre les Dieux. Mais qu'ont les Lettres de M. de B. de pareil à leurs ouurages? Dy moy, mon Per. en quoy git leur bonne grace interieure, en quoy leur beauté, quelle est leur force? Marque moy leur vtilité? y peut-on voir dans les rencontres d'vne Histoire continuée, les marques ingenieuses d'vn iugement tresparfait? Peut-on contempler à trauers leurs façons de s'expliquer figurées, quelques images diuines d'amour, ou de verité? Leurs hyperboles extraordinaires, sont elles assez puissantes, pour esleuer nos pensées à quelque particuliere cognoissance de nostre bien ? Leurs vanitez, leurs mesdisances, leurs flateries, leurs erreurs, leurs impietez, cachét-elles quelques secrets, qu'il soit necessaire de consulter pour la conseruation des Estats ? Et peut-on du tout ensemble, tirer quelque leçon salutaire, pour l'edification de nostre ame, ou pour la cōpositiō de nos meurs ? Quoy ? choisir de deux ou trois autheurs, quelques differés passages, les traduire tout à loisir, les mesler de quelques rencontres du temps, les amplifier d'vn nombre de vanitez, les fortifier d'hyperboles impertinentes authoriser le tout, d'vne erreur, ou d'vn blasphéme; est-ce vn trauail digne de gloire, & qu'on doiue admirer entre les inuentiós de ce dernier temps, aussi bien que l'Impression & que l'Artillerie?

Les Autheurs qui nous ont laissé quelques ouurages pareils, ne les ont fait voir au public, que sous des titres, ou de jeux, ou de ieunesses; ils les ont separez de leurs autres œuures: & pour tesmoigner qu'ils ne s'estoient addonnez à ces petits exercices, que pour se tenir en haleine, ou pour se rendre capables de plus grāds desseins; ils mettoiét au dessous de leur inscriptiō, ce que M. de B. qui veut que nous suspendions nostre iugement, en l'attente d'vn tableau le plus auguste, & le plus venerable, qui ayt iamais esté veu, deuroit mettre à la teste de ses Lettres, *Et nugæ seria ducunt.*

Tu me diras (ie le sçay bien) que les ouurages de M. de B. ne doiuét pas estre mis au rang de ces bagatelles, puis qu'il se trouuera que dãs ses Lettres ordinaires, *il traitte le plus souuent de la Philosophie, iuge des actions humaines, & fait le Panegyrique des grands hommes de ce siecle.* Il se trouuera qu'il le dit, ou (si tu veux) qu'il a dessein de le faire : mais quand il nous plaira de faire la recherche des heures perduës des Escriuains du passé, nous ferons voir que se joüans apres ces grandes matieres, ils ont mieux reüssy que luy. Et quoy que ie n'aye leu des Lettres de M. de B. que les fragmens qui grossissent ceste Apologie; ie ne crains pas d'asseurer, non seulement qu'il n'y traitte pas de la Philosophie, mais encore, qu'il est incapable d'en traitter. Ie ne dy pas qu'il n'ayt peu introduire dans ses escrits, des Philosophes, aussi bien que des Historiens, & des Orateurs: mais si tu prends la peine de me marquer les Lettres particulieres, dâs lesquelles tu croids qu'il en a traitté de leurs opinions ; ie m'oblige, pour te desabuser, de faire voir le contraire.

Qu'il ayt iugé des actiós humaines, cela te pourrois-je bien accorder, Aristophane en iugeoit ainsi, sur le Theatre d'Athenes: Socrate estoit tres-petit, il estoit laid, camus, ventru, il corrompoit la ieunesse, & pour se fortifier contre Anitus, qu'il prenoit pour vn Sophiste, il estoit tous les iours à cageoler les enfans de bóne maison. As-tu oüy Aristophane? Escoute M. de B. *Le premier est si gros, que ie* B.332. *groy asseurément qu'il mourra tout à ceste heure d'une apoplexie: l'autre est si petit, que ie iurerois que depuis* qu'il est au monde, il n'a creu que par les cheueux. Il seroit plus aysé de resusciter vn mort, que de blanchir les dents de sa bouche. Il a vn nez, qui est ennemy de tous les autres. Il n'y a partie de son corps, qui ne soit honteuse. Quand vous le verrez, & cest autre vôtre, qui remplit tout vn carrosse, vous iugerez incontinent qu'ils n'auoient pas esté faits pour estre Princes.

N'est-ce pas bien iuger des actions humaines ? Mais lors qu'il parle du Pape, & des Cardinaux, en iuge-t'il de meilleure grace ? B. 287. Celuy-là est negligent, & ambicieux : les autres sont auares, traistres, fols, extrauagans : le Cardinal Ludouise songe à se fortifier d'hommes, & d'argent, contre le Cardinal Borghese qu'il prend pour le Turc, & pour l'infidelle. O nouueau Aristophane! retournez encore à Rome, le froid y sera bien grand, s'il ne s'y trouue du bois, pour eschaufer voſtre humeur melancholique.

Et fait le Panegyrique des grands hommes de ce siecle.

Il auroit meilleure grace à la faire de ceux du siecle paſſé. Ie ne dy pas que ceux qui ont la charge de faire l'Hiſtoire de France, ou qui sont obligez de haráguer aux aſſemblées publiques, à la face des Parlemens, à la teſte des armées, dans le Conseil, à la presence du Roy; ne doiuent louër les vertus, en quelque part qu'ils les trouuét. Mais que celuy qui dans son cabinet, se donne le loyſir de faire des Lettres, puiſſe sans preiudicier à la gloire des hommes d'authorité, en affecter les eloges; c'eſt, mon cher amy, ce que ie ne puis comprendre. Le parfait Orateur, ie veux dire l'homme de bien, prend le party des vertus oppreſſées, il ne meſpriſe pas celles qu'il void en proſperité, mais comme il les eſtime pluſtoſt dignes de ſon admiration que de ſes loüanges, il les louë rarement, & les admire touſiours. Non, mon P. ce n'eſt pas le propre l'Orateur, que d'affecter le Panegyrique des hautes felicitez, c'eſt du ſtyle de certains Poëtes de Court, deſquels on peut cóſulter les vers, pour ſçauoir où eſt la faueur, cóme on fait les giroüettes, pour apprendre de quel coſté vient le vét. Ils ſont touſiours amoureux de la fortune, & ſont conſtans en cela: il ne leur importe pas que celuy qui la poſſede, ſoit de la race des Dieux, ils le fót tel qu'il leur plaiſt:

que le plus vicieux des hommes, soit au plus haut de la rouë, ils ne le verront pas là, auec de moindres adorations, qu'ils y verroient vn Caton: le cours de sa vie ne sera deuidé, qu'auecque l'or & la soye: la France n'aura pas assez de lauriers, pour couronner ses actions: le Ciel l'aura donné au Roy, pour vn miracle visible, il sera son bras droit, la gloire de son Sceptre, l'vnique sousstien de l'Estat: aussi viura-t'il (& ils en iureront de bon cœur) dans les siecles aduenir: sa memoire, dans leurs vers, n'aura sa fin terminée, qu'en celle de l'vniuers.

Tourne la rouë, Periandre, remets ce ver esleué, dans la bouë & la poussiere; escoute derechef ces flateurs: les Muses leur inspirent pour elle, toutes les mesmes chansons, qu'elles chanterent pour luy. Il te sera bien aysé de iuger de là, de quel costé vient le vent. Mais que tu puisses tirer quelque consequence de la santé de l'Estat, par le mouuement incertain de ces giroüettes legeres: qu'à la faueur de leur tesmoignage, tu te puisses asseurer que la vertu tient la place qu'occupa l'ambition : c'est, mon cher P.. ce que tu ne sçaurois faire.

Les flateurs ressemblent aux papillons, ils suiuent indifferemment toutes sortes de lumieres: Aussi leur applaudissement, qui est vne marque infaillible de nostre bonne fortune, n'est pas celle de nostre vertu. Et cela estant, n'est-il pas vray que c'est faire tort à l'hôme de bien, que d'esclairer ce qu'il a de commun auecque le vicieux? Quoy donc ? me pourras-tu dire, les Muses se tairont-elles à la rencontre de l'homme sage? & sera-t'il raisonnable, que pour n'estre soupçonnées de flaterie, elles n'osent donner à la vertu, les loüanges & les vers, qui sont inuentez pour elle? Souffrons, Per. ces libertez aux Poëtes, il leur est permis d'oser: mais le parfait Orateur, qui ne doit pas seulement fuir la qualité de flateur, mais tout ce qui en a la ressemblance, aura-t'il bonne grace d'affecter les eloges des hômes de grande vertu, estans encore pleins de vie, & de felicité? Aura-t'il bonne grace, dy-je, de les loüer dans des Lettres faites à plaisir, auec les mesmes flateries, que les Poëtes les moins sages, loüent les plus vicieux? Certes, P. il faudroit ignorer le deuoir de l'Orateur, pour approuuer ce langage; & ie

A a

ne croy pas que celuy que Caton
nous a descrit, en abuse iusques-là.
Mais comme tu as oüy les Poëtes,
escoute encore, ie te prie, les Sophistes & les vains.

B. 353.

Monseigneur, puis que les grandes actions vous sont toutes reseruées, vous deuez conseruer bien cheremēt, le plus noble instrument de la gloire & de la loüange, qui ayt paru il y a long-temps. Il y a fort peu d'ouuriers, qui soient capables de vous faire des statuës. Il ny a gueres de mains, qui soient dignes de trauailler à vostre gloire Tous ceux qui escriuent, n'escriuent pas pour l'eternité ; ie suis le seul, qui pouuant pretendre à ceste eternité, vous puis asseurer que vous serez dans mes escrits, encore vn autre siecle apres celuy-cy. Mais veritablement, Monseigneur, il faut du repos & de la tranquilité, pour les

B. 4. à l'Epistre

B. 5. à l'Epistre

B. 7. à l'Epistre

grandes productions de l'esprit: faittes moy part de cest honneste loysir, qu'vn petit nōbre de Sōnets, & quelques Elegies, acquirent à feu Monsieur des Portes. I'acheueray mes desseins, par ce moyen: vostre diuine prudence, qui change la face du monde, quand il vous plaist, & fait reposer tout d'vn coup, toute l'Europe agitée, sera tousiours en vsage parmy les hommes: toutes les fois qu'on voudra sauuer les Estats sur le point de leur ruine, on ira estudier vostre vie, dedans mes œuures ; & les moindres de vos actions, seront les leçons de toute la posterité. Ce sera là dedans, que vous ne cesserez iamais de conduire les affaires de ce Royaume, que les derniers Roys, qui commanderōt à la France, se gouuerneront encore par vos conseils, qu'ils vous consulteront en leurs plus importantes entreprises, & que vous serez le premier autheur de tout le bien que feront les autres. Si vous veniez à manquer, le monde ne dureroit pas aßez, pour reparer vne telle perte. Et sans mẽtir, pour en voir vn pareil à vous, il est besoin que toute la nature trauaille, & que Dieu le promette long-temps aux hommes, auant que de le faire naistre. Vº estes vn esprit tout puissant, c'est vous, que nostre siecle oppose à toute l'antiquité, & sur la sagesse duquel, Dieu se pourroit reposer du gouuernement de toute la terre. Nos armées sont les bras de vostre teste, vos conseils ont esté choisis de Dieu, pour restablir les affaires de ce siecle. Ce sera aussi de vostre temps, que les peuples opprimez viendront du bout du monde, rechercher la protection de ceste Couronne : que par vostre moyen, nos alliez se raquiteront de

B.141.

B.142.

B. 153.

B. 154.

l'Orateur François.

leurs pertes, & que les Espagnols ne seront plus les conquerans, mais que nous serons les liberateurs de toute la terre. Ce sera de vostre temps: que le S. Siege aura ses opinions libres; que les inspirations du S. Esprit, ne serõt plus combatuës par l'artifice de nos ennemis, & qu'il s'esleuera des courages dignes de l'ancienne Italie. Enfin ce sera de vostre temps, qu'il n'y aura plus de rebellion parmy nous, ny de tyrannie parmy les hommes. Vous estes aussi ce grand Cardinal, dont le Ciel veut faire tant de choses, & de l'approbation duquel ie fais plus d'estat, que de la faueur des peuples, & de l'applaudissement des Theatres.

B. 155.

B. 156.

Voila vne vertu bien satisfaite, qui se void louër par des impossibilitez, ou par des œuures à faire. On appelle cela, faire des vœux: les

Poëtes les proferent tous pareils, sur le berceau de nos Princes ; ils doiuent conquerir la Palestine, fouler le Croissant, razer l'Escurial. C'est fort bien dit, ils viennét de naistre, & n'ont encore rié fait: Mais apres qu'ils ont signalé leur vertu, par des actions glorieuses, n'est-il pas iuste qu'on lise dedans l'Histoire, leurs combats, leurs victoires, leurs actes de pieté, & tout ce que leur courage, ou leur bonne conscience, firent de grand & de beau? Certes, celuy qui ne rempliroit auiourd'huy l'eloge de nostre Roy, que des vœux, & des souhaits, qui benirét son enfance, auroit aussi mauuaise grace, que M. de B. qui entreprend le Panegyrique des grands hommes de ce siecle, à la seule faueur des hyperboles, & de certaines façons de s'expliquer, figurées, qu'il a tirées des Romans : & neantmoins escoute sa vanité.

Nous ne pouuons nommer que Panegyriques, les Lettres qu'il a escrites à plusieurs personnes illustres, & particulierement celles qu'il addresse à ce grand Cardinal, qui à mon aduis apres le contentemēt d'auoir bien fait, & bien seruy son Prince, ne sçauroit trouuer ailleurs, vne plus douce, ny plus glorieuse recompense de ses peines. O vanité insolente ! Quoy donc ? le tesmoignage que le Roy donne de ses seruices, ce que les Reynes en publient, les admirations des Princes, l'approbation des Parlemens, les benedictions des peuples, les acclamations generales, les bien-faits receus, les siens honorez, & tant d'autres felicitez esprouuées, serōt

B.346.

donc moins douces & moins glorieuses, que les flatteries impertinétes d'vn discoureur esuété? Certes il faudroit estre bien amoureux des figures & des feintes, pour preferer à ces recompenses reëlles & veritables, la vaine cageolerie de quelques mots affectez. Et ie suis bien trompé, si ce grand Cardinal ne tire plus de satisfaction du simple eloge, qu'vn Medecin de ce temps a doné au public, que des statuës hyperboliques, que l'instrument de la gloire, & de la loüange, a faittes à son honneur. Aussi estoit-il necessaire que le peuple qui se lassoit de voir l'authorité & les affaires de ce Royaume, entre les mains de ceux qui n'estoient pas nez pour en auoir la disposition, sceust que celuy qui leur succedoit, sortoit d'vne maison tres-illustre de qui les predecesseurs, qui depuis quatre cens ans occupent la meilleure partie de nostre Histoire, auoient esté appellez par nos Roys, aux charges les plus honorables: que son pere, qui le laissa jeune entre les bras d'vne tres-vertueuse mere, mourut Cheualier des Ordres du Roy, & Capitaine de ses Gardes: qu'apres la mort de son pere, il fut esleué en l'estude des bonnes lettres: que ses predications en firent gouster les fruits: que dés sa jeunesse, il fut appellé aux affaires: que sa fidelité estoit esprouuée par ses seruices continuez: qu'il n'auoit pas tesmoigné moins de constance en son aduersité, que de moderation en sa bonne fortune. En celle-là il le met dans la pratique des œuures de pieté; il dispute de la

Religion, il visite son Euesché, & compose vn Liure remply de vertu & de sagesse, dont la pureté du langage, & les sainctes meditations, rendent tesmoignage de la force de son esprit, que l'enuie, & l'enfer, ne sceurent mettre en desordre. Mais dans sa grande prosperité, dans le comble de sa gloire, dans ce temps, que le iuste ressentiment de nostre Prince, faisoit ouurir les prisons, & dresser les eschafaux: dans ce mesme temps, il le produit puissant; il est vray, mais à se vaincre soy-mesme, il modere sa colere, il oublie sa douleur, donne la main à la vertu, qui trouue sa recompense; & contraint toute la France, à admirer sa sagesse, & à dire comme luy, *Qu'il est bien plus iuste qu'il se porte à recognoistre les seruiteurs de son*

Maistre, que non pas qu'il porte son Maistre à punir ses ennemis. Ainsi ce prudent Medecin, tirant cest Heros du sein des Dieux, & le conduisant dans les vertus & les bónes habitudes, mesnage si doucement les esprits, qu'il les oblige à benir le Roy, en l'eslection qu'il a faitte de sa personne: toute la France commence à bien esperer, & les plus grands reformateurs de l'Estat, ces ames inquietées, qui esperent tousiours, que leur mauuaise fortune doit changer dans la confusion des affaires, ne demandent maintenant autre changement en ce Royaume, que celuy-là, qu'il puisse durer long-temps en l'estat qu'il est, & qu'estre cóstant en ceste sienne felicité, soit desormais son inconstance.

Voila ce que ce Medecin a

peu sur l'esprit des plus difficiles: son eloge a esté si bien receu, qu'il n'y a, ny boutique ny cabinet, qui n'en garde l'impression: aussi porte t'il les loüanges qu'vn homme sage composa en faueur du peuple, pour vn homme vertueux. Il n'est, peut-estre, pas si sóptueux, ny si magnifique, que les Lettres de M. de B. Mais les Lettres de M. de B. ne sont pas aussi si vtiles, ny si veritables. Il a trouué son rang en l'ordre des eloges, quelque modestie qui l'ayt produit: & les Lettres de M. de B. quelque hardiesse qu'elles ayent, le cerchent, ou le mendient, & si ne le trouuent pas. Car il est vray qu'il reüssit aussi mal à faire le Panegyrique des grands hommes de ce siecle, qu'à traitter de la Philosophie, & de la Republique. Mais quand à bastons rompus, il en auroit dit quelque chose, qui peust donner du plaisir: quand il auroit inseré quelque passage d'Aristote, ou de Platon, dans quelqu'vne de ses Lettres: quand mesme les lineamens de ses tableaux fabuleux, representeroient quelque image des vertus & de la gloire des grands hommes de ce temps: n'est-il pas vray que ne portans aucuns traicts des beautez & des graces de ces grands ouurages, qui ont mis leurs autheurs entre les Dieux; ils auront bien de la peine à le tirer de la lie du vulgaire? & que nous trouuerons plustost la cause de ses infirmitez corporelles, dans l'excés de ses desbauches, que dans les efforts & les esleuations spirituelles qu'on remarque en ses escrits.

Et encore moins doit-on trouuer

estrange qu'vn malade se plaigne de son mal, principalement quand ses plaintes sont si douces, qu'on ne peut soupçonner qu'elles partent d'vne ame, que la douleur a mise en desordre.

Ie cognois vn petit bossu, qui n'a pas l'esprit moins irregulier que le corps, & neantmoins on ne laisse pas de le desirer dans les bonnes compagnies. Aussi est-il vray que quoy qu'il soit tres malicieux, & tres-medisant: quoy qu'il soit grandement amy des vieilles inimitiez, & tres-industrieux à en faire de nouuelles: quoy qu'il ayt iuré vne guerre perpetuelle à tous ceux qui sont absens: il est pourtant dans vne telle complaisance pour ceux qui l'escoutent, fussent-ils ses ennemis, que dans les conuersations ordinaires, il faut languir, ou l'auoir. Auec cela, il a toufiours quelque vanité à dire, & quelque faueur à publier. En quoy il eſt d'autant plus plaiſant, qu'il eſt de mauuaiſe grace. Mais ce qu'il a de plus remarquable, & que nous pouuons accommoder à noſtre ſujet, c'eſt que quoy qu'il ſoit tres-ignorant, il entreprend de parler de toutes choſes, il ſe rauit, il s'emporte, & lors qu'il s'eſt eſgaré, & qu'il ne ſçait plus où il en eſt; il produit ſon petit paquet, en quoy il eſt tres agreable, & ſe recouure par là. Te ſemble-t'il pas, Periandre, que noſtre Orateur eſt inſpiré de quelque genie pareil à celuy de ce boſſu? Il « ne trouue rien d'impoſſible, il va « iuſques à l'excés, il ſort des che- B. 110. mins pour prendre les routes, il « marche ſur les precipices, il ne «

„ laisse pas vne seule fleur dans ses
B.112. „ lieux communs, dont il ne se pare;
„ il embellit son discours de figu-
„ res, il se respand en amplificatiōs,
„ Il passe aux hyperboles frequen-
B.346. „ tes & incroyables : quoy ? il ose
„ bien traitter de la Philosophie, il
„ iuge des actions humaines, il fait
„ le Panegyrique des grands hom-
B.353. mes de ce siecle, il allegue Caton,
B.364. il explique Hippocrate : s'est il
perdu, ou esgaré, est il deuenu
ridicule, trouue-t'il quelque mauuaise rencontre, s'est-t'il contredit; le voila qui se recouure, par
la seule partie qu'il a d'agreable, quoy qu'autant irreguliere,
que celle du fabuleux : il se met sur
sa complaisance particuliere, il
presche ses vanitez, il en dit des
merueilles, mais si subtiles, & si
industrieuses, que le plaisir qu'il
en

en retire, se communique en quelque façon, à celuy qui les lit; & ainsi bien souuent il ne laisse pas de plaire, quoy qu'il n'ait pas satisfait.

Or ceste façon de proceder, qu'il a prattiquée iusques icy, en tous les particuliers endroits de ce liure, se represente à son imagination, sous des images si agreables, que les joyes qu'il en retire, font qu'il met à son vsage, toute sa felicité. Aussi ne la veut-il pas seulement embrasser en ceste dernière partie, mais encore authoriser. Ce qui ne luy sera pas difficile, s'il rencontre des esprits desbauchez comme le sien.

Mais nos aduersaires ne s'arrestent pas là, car comme ils veulent que M. de B. soit insensible à sa douleur, ils desirent aussi qu'il n'ait au- B. 365.

cun ressentiment de joye, & qu'il ne reçoiue aucun contentement du plus honneste bien, dont on puisse iouïr en ce monde, qui est la reputation & la gloire. Car s'il tesmoigne tant soit peu, d'aymer vne chose si aymable, ils en sont aussi tost jaloux, & s'escrient hors de propos, qu'il mesprise tout ce qui n'est pas de luy, & que son merite est le seul objet de son estime. Pour moy, ie ne sçaurois m'imaginer que nous soyons obligez, ny de loüer le vice, quand il est en autruy, ny de ne loüer pas la vertu, si elle est en nous, &c.

Auant que d'entrer dans la consideration de ces nouuelles erreurs, qui couronnent cest ouurage, & qui nous donneront subiet de finir nostre discours; ie te veux donner la raison que tu me demandes au commencement de ta derniere Lettre, que Tyrene me donna. *Apprends-moy* (me dis-tu) *d'où vient que cest homme si extraordinaire se contredit si souuent?* Cela vient, mon Periandre, de ce que trop souuent il met deux ennemis ensemble, sans les auoir mis d'accord. Veux-tu bien que ie m'explique? M. de B. estant né melancholique, comme il nous a dit, B. 358. il a necessairement le cerueau sec, & par consequent l'imagination fort peu abondante: d'où viet que lors qu'il est obligé de continuer vn discours, il faut qu'il ayt recours à ses lieux communs. Or par ce qu'il les a composez de diuers autheurs, qui bien souuent sur vne mesme matiere, ont eu de diuers aduis; son iugement, qui n'est pas assez bon, pour en faire les differences, souffre qu'il les met

en œuure, sans choix, & sans eslection. De sorte que le premier,
qui traittant de la melancholie,
auoit dit qu'elle estoit purement
B.358. ,, corporelle, mais que l'esprit luy
,, cedoit; se trouue cōtredit par le se-
,, cond, qui a creu qu'elle estoit vne
B.360. ,, ayde, que Dieu a donné à la rai-
,, son, afin que la partie inferieure
,, soit tousiours sujette à la plus haute. D'où nous pourrions dire, en
faueur du suppliant, que ce n'est
pas luy qui se contredit, mais que
c'est plutost Seneque & Tacite,
ou quelques autres autheurs, qu'il
n'a sceu mettre d'accord. Adjouste à ce que nous venons d'alle-
B. 68. guer, qu'il resue si long-temps à
B.320. former ses periodes, il est tellemēt
occupé à composer leurs caden-
ces & leurs mesures, pour trouuer
B. 322. ceste harmonie qui touche les

paſſions; qu'il en oublie ce qu'il a dit, & ne ſonge pas à ce qu'il doit dire. Auſſi ne continuë-t'il pas ſon diſcours, d'vne penſée ſuiuie, il le groſſit ſeulement de pluſieurs periodes, faites à part, & qu'il lie & qu'il aſſemble. Ce qui fait que ſon ſtyle donne les meſmes incommoditez, que les alleures d'vne haquenée deſbauchée; elle galope, elle trote, elle va le pas: & comme ſes alleures repriſes & differentes, ne font pas vn train eſgal; les phraſes & les periodes, que noſtre Orateur harmonique fait à bonds & à bourades, quoy que liées enſemble, ne peuuent continuer vn diſcours, du moins regulierement, ſi nous ne diſons que les mailles d'or que l'Orféure vnit & lie, continüent vne ligne droite, ſans irregularité.

Voila, mon Periandre, ce que ie te puis apprendre, pour resoudre ta question : mais comme il est bien difficile d'examiner vne erreur, sans s'en former de nouuelles; le soin que i'ay pris à contenter ta curiosité, a fait naistre en mon esprit, vn desir nouueau, qui m'a bien donné de la peine. Car comme tu m'auois demandé la raison, qui faisoit que M. de B. se contredisoit si souuent ; i'ay voulu sçauoir aussi, celle qui fait qu'il ne se contredit pas quelquesfois. Ceste Apologie, quelque soin que i'aye mis à la lire, ne m'en dónoit qu'vne confuse lumiere: mais ce que ie ne pouuois tirer du liure, grace à Dieu, i'ay tiré de son autheur. Tu me demáderas comme quoy, puis que ie t'ay desia protesté que ie n'en cognoissois pas le visage. Il est vray, mais à ce matin Môsieur le Prieur de sainct Fleurent m'a obligé d'aller donner le bon iour à Monsieur l'Abbé de Reaux, où l'occasion du disner a amené le sieur de Balzac. Dans le repas, apres plusieurs discours differens, on est venu à parler de la vie d'vn personnage de ce siecle, que nous auons appelleé miraculeuse, par ce qu'il nous sembloit qu'il auoit trouué le succés de ses entreprises, par des voyes extraordinaires. A quoy M. l'Abbé de Reaux a dit que le vulgaire appelloit miracle, tout ce qui choquoit les sens; mais qu'il ne falloit pas borner, comme il faict, la suffisance de ceux qui sont nez pour les grandes choses, de la foible cognoisáce qu'ils nous en peuuent donner: que les grands hommes auoient de grandes ames, dans lesquelles la prudence humaine agissoit par des ressorts bien plus puissans, que dans celles du commun : & que comme ils estoient capables de venir à bout de leurs entreprises, ils pouuoient aussi donner la raisõ de leur euenement. Balzac prenant la parole, a respondu qu'il estoit bien difficile, par ce que les hommes extraordinaires, ne s'assujettissans pas à la tyrannie du iugement humain, donnoient tellement à la fortune, qu'ils entreprenoient pour elle, & qu'elle acheuoit pour eux. Qui la donnera donc ? (a reparty Monsieur de Reaux.) Celle qui cause leur gloire (a continué Balzac) Authorisant son opinion, de cest illustre passage, *Habet fortuna rationem*. Ceste façon de parler hardie, m'a d'autant pleu, qu'il m'a semblé qu'elle pouuoit tirer mon esprit, du soin qui le trauailloit. Aussi reuenant à moy, sans consulter dauantage ce liure, i'ay dit qu'il ne falloit pas demander à son autheur, qui à la verité, peut passer pour tres-extraordinaire, la raison du succés qu'il rencontre quelquesfois en ses hautes entreprises. Car s'il arriue qu'il soit obligé de former deux periodes, pour vne mesme matiere, sans que la seconde contredie la premiere, *habet fortuna rationem.* Imite-t'il les Anciens, sera til si heureux que d'esgaler son modelle, ou d'en laisser vn plus parfait, à ceux qui en chercheront à l'aduenir, *habet fortuna rationem.* Est-il question de desrober l'art & l'esprit des Anciens, se faut il encore

"B.14."

"seruir de leurs passages, sera ce
B.17. " auec vne telle precaution, y ap-
" portera t'il vn tel desguisement,
" que la chose change de face, &
" que F. And. ne le descouure pas,
B.110. " *habet fortuna rationem.* Fera-t'il
" les choses petites grandes, & les
" grandes petites, le perdrons-nous
" de veuë, sans qu'il sesgare : mar-
" chera-t'il sur les precipices, sans
" pour cela se precipiter : rauira-t'il
" son Lecteur, s'estonnera-t'il luy-
" mesme du succés de son esprit, au-
" rat'il de la peine à croire ce qu'il
" aura fait, sera t'il contraint d'en
" donner la moitié de la gloire à la
fortune; disós qu'il n'aura pas tort,
puis qu'elle en a la raison. Ses hy-
B.141. " perboles sont-elles bien raisonna-
" bles, son iugemement, qui est tous-
B.203. " jours le gouuerneur de son esprit,
" se mesle-t'il particulierement de la

conduite des comparaisons : souf- "
fre-t'il ceste figure dans ses escrits, "
auec toute la proportion, & tou- "
te la iustesse, qu'il luy faut donner : "
a t'il trouué le secret & la finesse "B.225.
de la raillerie, rit-il de la mesme fa- "B.227.
çon que deuoiét rire les Censeurs "
à Rome, & les Philosophes à "
Athenes : ses bons mots sont-ils de "B.228.
bonnes choses ; *habet fortuna ra-*
tionem. A t'il reüssi dás quelqu'vne
de ses Lettres, les resueries de ses
infirmitez naturelles, ont-elles
pleu à des esprits sains : a-t'il trouué l'applaudissement de quelque
homme sage ; *habet fortuna ratio-*
nem. Et certes, s'il trouue son approbation, dans le dessein qu'il a
de prouuer qu'il se peut loüer
auec iustice ; il ne faudra pas seulement accorder à ceste aueugle
diuinité, la raison de M. de B. mais

encore celle de tous ceux qui le liront. Aussi est-il vray, que pour se laisser surprendre à des opinions qui sont côtraires à la loy de Dieu, & aux commandemens de l'Eglise, qui choquent le sens commun, & ceste bienseance naturelle, qui inspire à tous les hommes, quelque climat qu'ils habitent, vne mesme façon de viure, mesmes loix, & mesmes mœurs; il faut auoir déposé entre les mains de quelque puissance priuée de la faculté de voir & de discerner, ceste lumiere diuine, qui fait la meilleure partie de nous, à la faueur de laquelle nous voyons, & discernons, ce qui regarde l'honneste, les mœurs, & la Religion. Or que les argumens & les exemples, que M. de B. apporte pour authoriser la vaine gloire, soient de la nature de ceux qui ne s'accordent pas auec nostre raison ; cela paroist d'autant plus facilement, qu'il est facile d'en faire voir la foiblesse, l'erreur, & la vanité. Mais, mon Per. me voudrois-tu bien obliger à les examiner auecque rigueur? Ils se refutent assez d'eux-mesmes. Souuien toy seulement, qu'Amphilochus, dās les petites maisons, a eu des visions pareilles, que les Medecins l'en ont iugé insensé : & dis de là, qu'il n'y a pas grande apparence que les folies d'vn enfermé, soient des sentences dans la bouché d'vn homme libre.

Ils desirent aussi (dit-il) *qu'il n'ayt* B. 366. *aucun mouuement de joye, & qu'il ne reçoiue aucun contentement du plus honneste bien, dont on puisse iouïr en ce monde, qui est la reputation & la gloire. Car s'il tesmoigne tantsoit* peu d'aymer vne chose si aymable, ils en sont aussi-tost jaloux.

Qu'eust dit de mieux Lucifer, dans la honte de sa cheute; On ne desiroit pas qu'il jouïst du plus honneste bien, dont on peut iouïr dans le Ciel?

B.366. *Il y a vn sot mespris de soy-mesme, qui porte quelques-vns iusques à haïr tout le genre humain, à cause qu'ils en font vne partie.*

Accordons luy cela, & croyons
B.367. comme luy, que *puis que l'humilité est vne vertu, elle a ses extremitez comme les autres; & que l'orgueil n'est qu'vn des deux vices, qui luy sont contraires.* Mais puis qu'il veut loger l'estime qu'il fait de sa personne, dans l'ordre de ceste vertu, où la mettra-t'il? P. Ce ne sera pas en ceste extremité, qui regarde le mespris de soy-mesme: il ne se mes-

prise pas, qu'il puisse faire qu'elle tienne le milieu : les loüanges de nous-mesmes, ne se peuuent pas donner. Il faudra donc necessairement, qu'elle occupe la partie qui regarde l'orgueil. Aussi est-il vray, que comme le simple mespris de nostre particuliere condition, forme ceste vertu, qui causa dans la bouche d'vne Vierge, le fruict de nostre salut : celuy que nous faisons de la condition des autres, forme de necessité, les vices qui sont contraires à elle. Car mespriser tous les hommes, afin de nous mespriser, c'est tomber dans la premiere extremité, comme dans la secóde, lors que pour nous estimer, nous desestimons les autres. Et de là, P. tu peux iuger du iugement de M. de B. qui donne tousiours à ses ennemis, des armes pour le défaire; & dire auecque moy, que s'il traitte tousiours ainsi de la Philosophie, il fera vne Morale aussi nouuelle que son Eloquence. Mais voyons si celuy qui n'a pas l'intelligence des vertus, sera bien versé en l'interpretation des Oracles.

B. 368. *Il faut prattiquer le vray sens de cest Oracle, qui toutesfois est assez mal entendu; Cognois-toy toy-mesme.*

Il est vray, comme il dit, qu'il ne se faut pas regarder tousiours par la pire partie de nostre personne, & cela de peur de ne tomber dans ce sot mespris de soy-mesme, qui nous porte à haïr tout le genre humain: Mais aussi ne faut-il pas que la consideration des bonnes qualitez que nous auons, releue nostre courage à ce point, que

que nous en mesprisions les autres. L'Oracle veut que nous nous cognoissions en telle sorte, que nous puissions trouuer le milieu de ces deux extremitez. A quoy semble s'accorder le Sage, lors qu'il dit, *Vbi humilitas, ibi sapientia.* Aussi est-il vray, comme il continuë, que *Nihil adeò stultius facit, quàm arrogantia.*   B.369.

Que le grand Alexandre se louë de sçauoir vaincre ses ennemis.

Croid-il lors qu'il le fera, qu'il en accroisse sa gloire? Ce n'est pas que la bien-seance ne souffre que les vaillans hommes racontent leurs auentures : tant de peines esprouuées, & de dangers éuitez, meritent bien qu'on leur accorde ce peu de felicité : auecque cela, il est tres-dangereux de les contredire : Mais y eust-il encore plus à craindre; si ce plaisir les emporte, on loüera leur courage, mais non pas leur vanité.

B. 369. *Que Socrate ne craigne point de dire qu'il a de la vertu, puis qu'il en fait des leçons à toute la Grece.*

A-t'il donc bien resolu de persecuter ce Sage? Platon, pour establir qu'il l'estoit, n'a sceu trouuer de meilleure raison que celle-là, qu'il ne croyoit pas de l'estre. Et M. de B. pour complaire à sa vanité, veut qu'il contredie Platon, & qu'il démente l'Oracle, qui l'auoit appellé tel, pour ceste mesme raison.

B. 369. *Que Ciceron se vante, s'il veut, de son Eloquence.*

Il fait bien de dire, *s'il veut*, car il le peut faire: mais il est plus sage que luy; aussi a t'il acquis la qualité d'Orateur, par des voyes plus legitimes.

Que M. de B. aussi, recognoisse " B.369.
les auantages que Dieu luy a donnez. "

Mais qu'il prenne garde aussi, "
que voulant imiter les personnes "
recognoissantes, qui publient par "
tout leurs richesses, & les obliga- "
tions qu'elles ont à leur bien-fai- "
cteur; il ne face degenerer les a-
ctions de grace, en vne vaine
ostentation de soy-mesme, que
l'Eglise desapprouue, & que Dieu
a en horreur: *Et en demeure d'ac-* B.370.
cord auec la plus saine partie du
monde : de crainte qu'il ne s'en-
yure de la vanité des fols, & qu'il
ne die comme eux, qu'vn des prin- B.371.
cipaux effects de la magnanimité,
consiste à parler auantageusement
de nostre merite.

Ioserois bien croire que le
Chrestien, qui à la presence du

Cc ij

Tyran, & de ses supplices, declare genereusement ce qu'il est, rend vne action de magnanimité : le soldat aussi, qui dans la foule des ennemis, dit son nom, & descouure sa liurée, peut estre dit magnanime : Mais si ce Chrestien interrogé par le Tyran, respondoit qu'il est le plus grand Sainct qui ayt iamais esté, qu'Helie, & sainct Iean Baptiste, n'eurent rien d'esgal à luy : & si ce soldat, lors que l'ennemy luy demanderoit qui viue, respondoit le Dieu de la guerre, le plus vaillant des humains, l'homme fort, la gloire du siecle ; N'est-il pas vray, que leur action passeroit plustost pour vne marque de folie, que pour vn effect de magnanimité ? L'intention, & les circonstances, font le vice, ou la vertu. Donner au necessiteux, pour le retirer du vice, c'est vne œuure de charité : mais luy donner pour le perdre, & pour le porter au mal, est vne œuure de malice. Auecque cela, les vanitez de ce soldat, & de ce Chrestien, que nous venons de laisser, pourroient en quelque façon, estre dittes magnanimes : mais qu'ont de pareil à elles, celles de nostre Orateur ? Qu'a t'il à craindre, quels supplices, quelles peines, quels actes d'hostilité ? Certes ie ne voy pas qu'il puisse courre autre fortune, que celle qu'il a trouuée, & que Dom Roderigo trouue, lors qu'il a dit vn bon mot.

Mais M. de B. a descouuert de " B.210. nouuelles vertus dans la Morale, " comme de nouuelles beautez en " la Rhetorique, & des estoilles au " Ciel : & delà, il ne seroit pas rai- " B.377.

„ sonable que celuy qui a dóné si li-
„ beralemét des loüages à toutes sor-
„ tes de vertus, fust ingrat enuers la
B. 93. „ siéne. Ces petits docteurs, qui esti-
„ ment que les bornes de leur esprit,
„ sont les bornes de toutes choses,
„ croyent que nos loüanges ne doi-
„ uent iamais sortir de nostre bou-
" che. Ils se trompent pourtant, ces
B. 372. petits docteurs. Car s'il estoit absolument vray, que le tesmoignage de
nostre conscience doit estre secret, ces
grands Heros de l'ancienne Rome,
qui ont exalté leurs victoires, sur la
Tribune aux harangues, au lieu de
respondre aux accusations de leurs
ennemis, auront esté presomptueux.

Considere sa raison. Ces Heros
estans accusez, estoient obligez à
rendre conte de leurs negotiatiós:
ce qu'ils ne pouuoient faire qu'en
publiant leurs victoires, & leurs

seruices rendus. Mais quand Pompée mesme fust monté sur la Tribune, s'il eust dit de son merite, ce que Ciceron en a dit ; n'est-il pas vray que toutes ces belles choses, que le Senat admira en la bouche de cest excellent Orateur, eussent esté ridicules en celle de ce Heros? Auecque cela, que le plus sage des B. 372. hommes die vne folie vne fois en sa vie, il ne laissera pas d'estre plus sage que nous, qui en faisons plusieurs tous les iours. Aussi n'amenderons nous pas nostre marché, de l'imiter en cela, non-plus que d'imiter Euripide, lors que sa Muse B. 373. fantasque luy eschauffera le sang. Comme les fols ont de bons interualles, dans lesquels la loy leur permet de disposer de leur bien; les sages en ont aussi de mauuais, que la bien-seance souffre, mais qu'elle

Cc iiij

n'approuue pas. Ie ne veux pourtant pas dire qu'il n'y ayt certaines occasions, où il est permis à la vertu, de se loüer soy-mesme : mais c'est vn pas bien glissant, il faut que ce soit auec bien de la sagesse, & de la moderation. Que celuy qui est destiné à faire des choses extraordinaires, ne doiue aussi se munir d'vne certaine confiance en soy-mesme, pour ne s'estonner point à la rencontre des difficultez; c'est ce que ie ne nie pas: Mais ceste sienne generosité doit paroistre en ses actions, en son port, en son visage, en son parler resolu ; & non pas en ses paroles fastueuses & inutiles, qui marquent sa vanité.

B. 373.

B. 374.

B. 375. Mais de dire que *les hommes rares doiuent s'esleuer au dessus des opiniōs populaires : qu'ils peuuent dire par franchise, ce que les autres disent par*

vanité: qu'ils ne sont point subiets à
nos petites coustumes: que ce n'est
point pour eux, que les loix de nostre
bien seance ont esté faites: & authoriser le tout, de la folie d'Archi- B.376.
medes, de la complaisance d'vn
Orateur, & de la sottise d'vn Euesr
que; C'est vouloir estre Ciceron, B. 15.
par son *esse videatur*; Saluste, par
son *facere*, trop estédu: en vn mot,
c'est suiure le Sage, dans son mauuais interualle : Ainsi l'adultere
imitera Dauid ; le libertin, Salomon: & ie suis bien asseuré que
M. de B. vn de ces iours, pour authoriser sa vie, nous alleguera S.
Paul, & qu'il dira comme luy,
qu'il fait le mal qu'il ne voudroit
pas faire, & qu'il ne fait pas le bien
qu'il desireroit. Mais si pour la ressemblance qu'il peut auoir auec
cest Apostre, on le canonise à Ro-

me; nous verrons biē toſt le nombre des Sainꝗs en France, eſgaler celuy des fols.

B. 376. *Dieu meſme, s'il m'eſt permis de l'alleguer, prend plaiſir à ce qu'il fait, & ſe reſioüit en ſes ouvrages, ainſi que parle la ſainꝗe Eſcriture.*

Ie ne croiray pas qu'il y ayt de la iuſtice ſur la terre, ſi on ne défend à M. de B. de parler de Dieu, en quelque façon que ce ſoit. Car certes, ſoit qu'il produiſe ſa puiſſance, ſoit qu'il conſidere ſes paroles, ſoit qu'il abuſe de ſes myſteres, ou qu'il allegue ſes actions ; c'eſt touſiours de ſi mauuaiſe grace, que ie le d'y encore vn coup, il n'y a point de iuſtice au monde, où il ſera dit qu'il ne parlera point de Dieu, ny en bien, ny en mal, & qu'il ne le recognoiſtra que dans les adorations, le culte, & le ſilence.

Dieu mesme, s'il m'est permis de l'alleguer, prend plaisir à ce qu'il fait, & se resiouit en ses ouurages.

Remarque le dessein de M. de B. en alleguant ce mystere, & voy apres, combien il est de mauuaise intelligence auec Dieu & sa parole. Dieu crea le Ciel & la terre, il crea la lumiere, les plantes, les animaux: puis considerant ces choses, il dit quelles estoient bonnes, il s'en glorifia, si tu veux: apres cela, il crea l'homme, & se teut. Pourquoy cela, mon Periandre? Par ce qu'ayant inspiré à ceste masse de terre, quelque image de soy-mesme, capable de le cognoistre, & de le glorifier; il voulut attendre d'elle, ce qu'il n'auoit pas creu deuoir esperer des autres choses crées, priuées de cognoissance, de lumiere ou de raison. Dieu donc traittant auecque l'homme, luy laissa la liberté de considerer l'ouurage, & de louër l'Artisan. Et M. de B. qui ne traitte pas auecque des bestes, qui donne ses Lettres à des images viuátes de celuy qui l'a creé ; pour ne dé-

B. 368. „ pendre pas seruilement de nous,
„ en l'estime qu'il doit faire de ses
„ ouurages, dit que c'est à luy à
„ nous declarer ce qu'il faut que
„ nous en croyons, afin de nous
B. 379 „ empescher de faillir : il veut que
„ son opinion soit la reigle de la no-
„ stre : il veut louër ses escrits, par
„ ce qu'il n'y a que luy, qui en sça-
„ che la valeur, & qui en puisse este
le vray Iuge. S'il n'y a que luy, qui en puisse estre le Iuge, deuant qui playde t'il donc? L'Orateur parle, afin de persuader ceux qui l'escoutent : que s'il desire d'eux

quelque chose, c'est signe qu'il ne l'a pas, ou qu'il y est contredit: mais comme quoy l'obtiendra-t'il d'eux, s'ils n'ont pas le pouuoir de la luy donner? son Oraison sera inutile. Et certes, si M. de B. ne veut attendre que de soy, l'estime de ses ouurages, il a tort de les défendre, il trouuera assez leur applaudissement, sans se mettre dans ces frais.

I'auouë qu'il y a des vertus, dont on ne se peut pas louër de bonne grace, parce qu'estans cognuës de tout le monde, on en doit attendre l'approbation de la voix commune, & s'en rapporter au peuple. B. 379.

Mais qu'elles vertus y a-t'il de plus cognuës, que celles qui nous laissent leurs effects eternellemét presens? Quoy? vne vertu qui se manifeste dans vn liure, qui n'est B. 314.

pas aujourd'huy moins commun,
que l'air que nous respiros, est-elle
incognuë à quelqu'vn? Il est vray,
me diras-tu ; mais elle est intelle-
B. 379. ctuelle. Que M. de B. se la cóserue
donc dans son esprit, & ne la réde
pas sensible dãs l'impression de ses
Lettres : car il la soumet ainsi, au
iugement du vulgaire, & à la touche des sens. Mais luy feroit-il pas
„ tort, si la donnant au public, il ne
B. 278 „ luy rédoit vn autre tesmoignage,
„ que celuy qui luy peut estre ren-
„ du par vne multitude ignorante?
Est-il sage? Quoy? n'a-t'il donné
ses Lettres qu'à des ignorans? Il y
a des Parlemens entiers, qui les
B. 314 „ sçauent toutes par cœur, on les al-
„ legue en toutes les bonnes compa-
„ gnies, elles sont entre les mains des
„ Princes & des Cardinaux ; peut-il
„ pas attendre d'eux, leur tesmoi-

gnage, & sa gloire ? Il le peut.

Mais si quelque Mathematicien, b. 380. *ou quelque Philosophe, ne vouloit pas dire ce qu'il penseroit de la force des demonstrations qu'il auroit faites, & de la verité de ses opinions; il ne resoudroit les esprits qu'à demy, & laisseroit dans les doutes, ceux qu'il auroit tirez de l'erreur.*

Il y a certaines choses, amy P. desquelles on peut asseurer la verité, par ce que leur preuue gist en demonstration: mais l'Eloquence, qui comme l'art de Mitecus, despend du goust & de l'opinion des hómes, n'est pas de ces choses-là. I'adjouste que s'il arriuoit que Monsieur le Mathematicien, ou Monsieur le Philosophe, apres auoir dit la verité de ses opinions, adjoustoit à la demonstratió qu'il en auroit faitte, qu'il a trouué ce que les autres auoiét cerché deuát luy, qu'Archimede, & qu'Aristote, sont des resueurs, & des sots; il diroit vne aussi bonne folie, que

B. 380. M. de B. lors qu'il dit, *Qu'il ne faut pas abandonner les hommes à leur propre sens, & que s'il ne leur auoit dit qu'il a trouué ce que quelques-vns cerchoient deuant luy, force gens s'imagineroient que l'Eloquence ne seroit autre chose, qu'vne facilité de parler mal, & que du Vair Renoüard, & Malherbe, seroient bons autheurs de nostre langue.*

B. 381. „ Pour mettre fin à ce long dis-
„ cours, veux-tu que ie mente, à
„ cause que ie ne puis dire la verité,
„ qu'au desauantage de M. de B?
„ Veux-tu que i'agisse directement
„ contre ma conscience, & que ie
„ face vne action d'injustice, pour
„ en faire vne de compliment? Ne

l'Orateur François.

« veux-tu point que ie fuiue l'opi-
« nion des Sages, & que i'acquiesce
« au iugement que font de luy, les
« mieux sensez de ce temps ? Que
« dis-je? que deuiendra donc l'au-
« thorité de tant de grands person-
« nages ? Car il est vray que M. le
« Cardinal du Perron, quelques
« mois auant sa mort, voyant des es-
« crits de M. de B. en fut estonné.
« Le feu Cardinal Bellarmin l'a
« aussi grandement estimé. Deux
« autres grands Cardinaux l'estimét
« encore. Monsieur l'Euesque de
« Nantes ne peut se lasser de le louër.
« Que deuiendront donc leur approbatió? que luy profitera-t'elle?
Ce que l'applaudissement d'vn des
fameux Medecins de nostre siecle,
profita à vn esprit malade comme
le sien. Il arriua dans la ville de
Montpellier, qu'vn Escolier en

D d

Medecine, nommé Personne, qui seruoit de Precepteur aux enfans de Monsieur de Clair, Conseiller au Presidial, se promenant vers le jeu de mail, s'alla imaginer que trois boules luy estoient entrées dans la teste: il les roula assez long-temps dans son cerueau, sans s'oser plaindre du mal qu'elles luy fai-soient: mais en fin il se descouurit, il souspire, il garde la chambre, il tient le lit, il se taste le poux, il ballotte sa teste, il perd le repos, & quoy qu'il n'ayt point de fiéure, ceste sienne solicitude fait appre-hender à Monsieur de Clair, vn mauuais euenement. Comme il est tres sage, il fit ce qu'il peut, pour le diuertir, mais voyant que son erreur augmentoit, il en aduer-tit quelques jeunes Medecins, amis du melancholique. Ils voulurent d'abord, le guerir par la force de leur raison, mais leur austere pratique violenta son esprit en telle sorte, que M. le Conseiller fut contraint d'appeller feu Monsieur Varáda, Professeur en Medecine, de l'Vniuersité de la mesme ville. Cestuy-cy, que nous pouuons mettre au nombre des plus sages & des plus sçauans Medecins qui ayent iamais esté, apres auoir tasté le poux à son malade, manié sa teste, & oüy auecque patience, l'histoire de sa douleur, applaudit à son erreur, auec des estonnemens si grands, que le malade en fut rauy: aussi la promesse qu'il luy fit de le guerir, modera sa violence, & luy donna du repos. S'il estoit auparauant insupportable, il commença d'estre plaisant: il publioit la cause de son infirmité diuine & ꞊B.364.

„ furnaturelle, de meilleure grace
„ qu'il n'auoit pas fait : il se moc-
„ quoit de ces petits Docteurs, qui
B. 93. „ ne cognoissent point d'autres ma-
„ ladies, que celles qu'ils peuuent
„ guerir : il authorisoit la sienne.
„ Que si quelqu'vn le condamnoit
„ pour cela, il luy suffisoit de n'estre
B. 156. „ pas de son aduis ; & au pis aller, il
„ en appelloit à Monsieur Varanda,
„ de l'approbation duquel il faisoit
„ plus d'estat, que de la faueur des
„ peuples, & de l'applaudissement
„ des Theatres.

Te semble-t'il pas, Periandre, que la verité de ceste histoire nous peut donner l'intelligence de celle que nous cherchons ? Monsieur de Balzac est ce malade, que Hortensius, & F. A ont pris le soin de
B. 334. „ guerir : mais voulans par subtilité
„ d'argumens, & par des conclu-

fions toutes cruës, le tirer de son «
erreur, & le contraindre de viue «
force, à embraſſer la verité; le viſa- «
ge farouche de leur ſimple Philo- «
ſophie, a mis en deſordre ſon bien- «
dire, ſa morale, & ſa raiſon. Les «
Sages du monde ſont venus à leur
ſecours, & par ce qu'ils ſçauent «
bien que la ſupréme raiſon déſ- « B.335.
plaiſt aux eſprits mal ſains, dans le «
ſimple ſyllogiſme ; ils ont eu re- « B.334.
cours aux complimens, & aux ci- «
uilitez, dont on vſe d'ordinaire, «
pour diſpoſer l'eſprit de celuy que «
l'on veut perſuader; eſſayans par «
des complaiſances particulières,
d'appriuoiſer le naturel eſgaré de
noſtre melancholique, qui certes,
a quelques lumieres agreables de
l'Eloquence qu'il cerche, mais
qu'vne foule d'erreurs, deſquelles
ces excellens hômes le voudroient

D d iij

bien retirer, rendent confuses & vaines.

Or comme l'applaudissement de M. Varanda, fit que son Escolier deuint plaisant; le tesmoignage qu'ont rédu de nostre Docteur, des hommes capables de faire des articles de foy, fait qu'il est tres-agreable: Et la seule difference que ie puis mettre entre le soin de ce fameux Medecin, & celuy de ces diuins persónages; c'est que ceux-cy n'ont pas guery leur malade, & & que celuy-là a guery le sien. Car vn iour, cóme il vid qu'il croyoit assez en luy, il luy demanda si les boules qui estoient entrées dans sa teste, estoient de cire, ou de bois. Elles sont de bois (respódit le malade) on ne iouë pas au mail, auec des boules de cire. Il n'y a donc pas d'apparence que nous les puissions resoudre (continua le Medecin) le bois n'est pas de ces matieres, que l'on dissout, ou qu'on fond. Et puis luy representant le danger, que leur retardemēt pouuoit causer en sō cerueau, & luy alleguāt quelque aphorisme d'Hippocrate, fit si bien qu'il le resolut à trouuer bon qu'on ouurist sa teste, pour les en tirer. Le Chirurgien estoit present, qui l'asseura de sa vie, il le lie, il le raze, il le tourmente, il le pique, & luy fait tomber trois boules de mail toutes sanglantes, qu'il auoit toutes prestes, dans vn bassin qu'il tenoit. A peine les eut-il veuës, qu'il s'en trouua soulagé; il leue les yeux au Ciel, rend graces à Dieu, & n'estonne pas moins les assistans en sa guerison, qu'il auoit fait en sa maladie.

Ainsi ce sage Medecin guerit son melancholique. Que si ces grands personnages, encore plus sages que luy, n'ont peu guerir le leur ; c'est, mon Per. qu'il est bien plus facile de tirer du cerueau d'vn homme, trois boules de mail, que trois grains de vanité. Et cela

E. 383. ,, estant, permets moy d'auoir mau-
,, uaise opinion de M. de B. & ne
,, trouue point estrange que ie le
,, raille quelquesfois, puis que i'ay
,, tant de raison de le faire, & qu'on
,, ne peut appeller que vaine gloire,
,, celle qui est bastie sur des fonde-
,, ments si fragiles que la sienne.

E. 383. ,, Ie croyois auoir acheué, mais il
,, reste à ouïr vn crime extraordinai-
,, re. On accuse M. de B. d'aymer les
,, parfums. Certes, de la façon qu'il le prend, c'est vn crime bié estrange. Ie trouuerois pourtant, qu'il

auroit plus de raison de se plaindre, si on l'accusoit de les auoir en
horreur, parce, cōme il dit, qu'on
ne peut les haïr, qu'on n'ayt de
l'aduersion à plusieurs mysteres &
ceremonies de nostre Religion. "
Aussi ne crois-je pas que personne
ayt pris la peine de luy faire ceste
reproche: ie croirois plustost, que
son esprit, qui se va promener
quelquesfois au delà des mers, & "B.169.
de l'estenduë de ce sens vniuersel, à "
trouué dans les nouueaux endroits "
qu'il y a descouuerts, quelques "
nouuelles pierres precieuses, qui
sentent le musc & l'ambre, dont il
nous veut faire part. Mais quelques enchantemens qu'il ayt rencontrez en elles, il ne falloit pas
qu'il dist que l'vsage des parfums "
est le seul plaisir du corps, que la de- "B.385.
uotiō s'est reseruée; & que la Phi- "

„ losophie Chrestienne, qui a trouué
„ des noms à l'intemperance de nos
„ autres sens, ayant retranché tou-
„ tes sortes de delices, a retenu celle
„ des senteurs. Que s'il estoit si necessaire, pour dilater son cerueau,
qu'il dist des choses si esloignées
de la verité, il les deuoit aller prescher au Royaume des aueugles &
des sourds, où il se pourroit bien
faire que la prattique des Images
& de la Musique, que l'Eglise se
conserue, auec la mesme innocence que l'vsage des parfums, n'est
pas au nombre des plaisirs des
sens.

B.387. „ Auecque cela, quoy qu'il soit
„ permis aux hommes d'aymer &
„ de recercher les choses qui sont
„ bonnes, & proportionnées à leur
„ condition; il leur est défendu d'en
„ abuser. Que si on accuse M. de B.

comme il se pourroit bien faire, d'auoir mis les parfums à de mauuais vsages: si on luy reproche de s'estre enyuré de leur plaisir innocent, & qu'au lieu d'employer les choses que l'Eglise ordonne pour disposer l'esprit à la deuotion, on luy die qu'il en irrite les sens, qu'il les prepare & les porte aux appetits de la chair: si on l'accuse donc de ces choses; ie ne pense pas que les raisons qu'il apporte pour sa iustification, soient fort necessaires. Que si elles sont trouuées bonnes; celuy qui mit le feu au Temple de Diane, n'en eust pas eu de mauuaises, si pour colorer son crime, il eust dit, comme luy, qu'on l'accusoit de se seruir du feu, que Dieu auoit creé pour l'vsage des hommes, duquel on se seruoit aux sacrifices de leurs Dieux, qu'ils en esclairoient leur Deesse, en allumoient les autels, & brusloient les sacrifices. En effect, les raisons de cestuy-cy n'eussét point esté mauuaises, s'il n'eust vsé que du feu. Car ce n'est pas l'vsage des choses, qu'on défend, Dieu les crea toutes bonnes; le poison trouue le sien; & s'il nous estoit aussi necessaire que le fer, on le souffriroit chez nous, auec la mesme franchise, que l'espée, & le couteau.

Que si l'vsage des choses les plus dangereuses, trouue son approbation; nous deuós-nous imaginer qu'on ayt voulu faire condamner M. de B. pour auoir aymé simplement les parfums ? Mais aussi, si on l'accuse d'auoir mis à quelque mauuais vsage, l'innocente volupté des baulmes, & des odeurs; n'est-il pas vray, qu'il fau dra croire qu'il auoit fait vn ferment au commencement de son liure, qu'il n'a pas voulu démentir à la fin ? Car il est vray, que de quelque chose qu'il ait eu à se iustifier, il n'a pas apporté vne seule raison necessaire: & ie le soustiens de nouueau, que dans toute ceste Apologie, il n'y a pas vn argumét, qui ne soit, ou faux, ou extrauaguant, ou inutile.

Desormais que nous voicy au bout de nostre dessein, & que l'entiere lecture de ce liure, m'a donné le moyen de me tirer de la promesse que ie t'auois faitte au commencement de ce mien discours: Desormais, dis-je, qu'à sa fidelle faueur, ie t'ay rendu sçauant des folies, des erreurs, des defauts, des mesdisances, & des vanitez de son autheur; acheuons de dire la verité, Periandre : Les Legiflateurs n'ont point ordonné les prix & les recompenfes, pour des vertus femblables à celles de Monfieur de Balzac : mais pour des œuures pareilles, les Ephores de Lacedemone, l'Areopage d'Athenes, l'Inquifition d'Efpagne, le Parlemét de Paris, ordónerent les rigueurs, les fupplices, & les peines.

B. 388.

A La fin, mon Periandre, nous voicy venus au port, nous n'auons qu'à jetter l'anchre, ie n'ay rien plus à te dire ; & toutesfois ie ne croirois pas auoir acheué, fi ie ne t'auois fait part de la bonne humeur de Tyrene. Ie t'ay dit au cómencement de mon difcours, que celuy qui me donna tes premieres Lettres, m'ayant rencontré en la compagnie de nos amis, ie les portay à me donner le moyen de te satisfaire. Nous estions donc apres l'Apologie, que nous venons d'examiner, Tyrene nous manquoit, & Theopompe qui la lisoit, nous en auoit desia fait ouïr vne bonne partie, lors qu'il arriua. Ie n'eu pas le loisir de le receuoir, il prit vn siege, & nous deliurant des ceremonies, & des complimés ordinaires, obligea Theopompe à continuer. A peine eut-il acheué, que le mesme Tyrene prit la parole, & s'estant imaginé que ce qu'il venoit d'ouïr, estoit l'Oraison funebre de Balzac, parce que, comme tu sçais, c'est de l'vsage des Chrestiens, de donner à la memoire des morts, des honneurs & des loüáges: s'estát dóc imaginé que B. estoit mort, il prit la parole ainsi.

Certes il est bien à plaindre, i'auois l'honneur d'eſtre aymé de luy, & n'eſperois pas peu de ma fortune, par le progrés de la ſiéne: Auſſi pendant la lecture de ſon Oraiſon funebre, i'ay medité ſon Tombeau: comme il fut extraordinaire, il ne ſera pas cómun: que les merueilles du monde ſe taiſent, à la rencôtre de ce nouueau mira-

B. 27. cle. Car pour m'eſcarter du che-
,, min batu des Anciens, ie cherche-
,, ray vne matiere premiere, & vne
,, forme nouuelle, ſur leſquelles ie
jetteray les fondemens de ce mo-
nument eternel. La terre & le So-

B. 77.
B. 100. leil de nos Peres, eſleueront ceſt ouurage. Phœbus & Galimatias ſerót dans des Chars triomphaux, au deſſus de ces pieces d'eſtachées, & verront au deſſous d'eux, les

B. 101. beaux eſprits de ce temps, auec
,, tous les Perroquets & ſous les Singes du

ges du Louure, les Nains de la Rey- "
ne Mere, & feu Mathurine auſſi, "
liez comme des eſclaues, pour teſ-
moigner l'auátage que le defunct
eut ſur eux.

Entre la terre & le ſoleil, ſera
repreſentée en plate peinture, B. 170.
vne guerre de perſonnes deſar-
mées. A coſté ſeront releuez en B. 171.
boſſe, les ſucceſſeurs des Conſuls,
des Empereurs, & des Apoſtres. "
Et vn peu plus haut, en marbre "
blanc, ſe verrót les Saincts Louis " B. 172.
& les Charlemagnes, qui marche- "
ront ſur des pierres, qui auront " B. 186.
eſté les Dieux de Ceſar & de Pom- "
pée. Les ruines de ces grands ou- "
urages, dont la vieilleſſe eſt encore
belle, ſeront d'vn autre coſté, d'où "
ſortiront des ſerpens, qui rempans " B. 114.
vers le Tibre & le Capitole, nous "
diront, ſi nous ne voyons pas que "

E e

„ c'est vn auantage qu'ils ont sur les
„ hômes. Ce grand espace qui estoit
„ dedié aux plaisirs du peuple Ro-
B. 319 main, n'y sera point oublié. Ta-
„ barin y esleuera son Theatre : sa
B. 322. musique, qui m'a mille fois rauy,
„ & qui chatoüille les sens, l'harmo-
„ nie de ses flustes, qui touche les
„ passions, qui va iusques à l'esprit,
& qui esmeut tout l'homme inte-
B.169.„ rieur, nous appellera à luy, qui
„ nous asseurera qu'il a trouué mille
„ nouueaux secrets, que nous ne co-
„ gnoissions pas ; & s'obligera à pas-
„ ser vn Contract auec les malades,
„ par lequel il sera dit qu'il les gue-
„ rira auecque des fleurs, sans les af-
fliger par de seconds maux, comme les Apoticaires. Dans l'estenduë de ce grand espace, sera veu
l'Amphiteatre naïuement figuré;
tout autour duquel seront appédus

diuers tableaux. Icy le monde ado- ,,B. 2.
rera les reliques des Saincts, qu'il ‟
aura persecutez. Là le defunct ‟B. 5.
mettra à mort ces petits monstres, ‟B. 6.
qui s'eileuent à sa venuë, pour en ‟
presager la grandeur : & par ce ‟
qu'ils eussent bien desiré qu'il eust ‟
escrit contre eux, pour estre asseu- ‟
rez de viure dans ses ouurages, & ‟
de ne finir qu'auec le monde ; il se ‟
gardera bien de les punir selon ‟
leur desir : Il accommodera seulement la peine à leur sentiment. Et B. 91.
pour tesmoigner, qu'il auoit en- ‟
trepris la défense de la verité, en ‟
quelques endroicts de ses escrits, ‟
& qu'on eust peu dire, s'il eust ‟
continué, comme il auoit desia ‟
commencé, *Malheur & desespoir* ‟
aux Athées, aux Heretiques, & aux ‟
mauuais Prestres ; la Nature y sera B. 180.
dépeinte, commençant à faire des ‟

Ee ij

Monstres. Icy les Huguenots se-
B.298. ront viuement pourfuiuis de tous
coftez: leur vaiffeau fera naufrage,
& Dieu ne fauorifera les reuoltes,
B. 312. qu'aux Païs bas. En vn autre tableau, ils feront reprefentez comme des ennemis publics, ils nai-
ftront à la ruïne du monde, il n'y
aura perfonne, qui n'ayt quelque
fujet de fe plaindre d'eux, ils vio-
leront ce qu'il y a de plus augufte
& de plus fainct parmy les hommes, ils troubleront le repos de
toute la Chreftienté, encore aujourd'huy ils ne voudront pas o-
beïr au Roy, & empefcheront au
mort, de voir la belle Clorinde.
B.102. Martin Luther n'y fera pas oublié, qui de la main de quelqu'vn
de ces mauuais peintres, qui ne
fçauent tirer de leur imagnation,
que des Chimeres, des Centaures,

& des Hippogriphes; sera repre- "B. 315. senté dans le Bordel, où il vomira " plus de vin qu'il ne dira de paro- " les.

Au deſſous de ces tableaux, les Comediens, & les Empiriques, irôt mettre leurs affiches. Le Delphe nous fera ſçauoir qu'il redonne la ſanté par le recit de ſes maladies. Bruſcambille, pour nous obliger à l'aller ouïr, nous aſſeura que ſon ſtyle s'accommode tellement à la capacité des eſprits, & rend toutes ſortes de ſubiets ſi agreables, que ſes maximes Politiques peuuent eſtre pour les femmes, & ſes Lettres d'amour pour les Philoſophes. Turelupin qui rit de la meſme ſorte, que deuoient rire les Cenſeurs à Rome, & les Philoſophes à Athenes, iurera qu'il a trouué le ſecret & la fineſſe

B.168.
B.362.
B.227.
B.225

„ de la raillerie. Et si nous croyons
B. 27. „ le Doctor; Plutarque, Seneque &
„ Tacite, auront grand subiet de se
„ plaindre de la trahison des Moines, s'ils les comparent à luy.

  Au delà de l'Amphiteatre, seront
B. 103. „ les Pyrenées, & les Alpes; & ce-
B. 133. „ ste figure hyperbolique, que Ste-
„ sicrate mediroit, pour representer
„ Alexandre, sera esleuée viuante,
au dessus d'elles, pour couronner
ce Tombeau. Elle aura la teste
dans les Astres, le pied droit sur
la terre, & le gauche dans la mer:
son corps sera composé de Prouinces assemblées, ses bras seront des armées. les vnes seront campées, & les autres marcheront: en celles-là, on pourra
remarquer les diuers quartiers du
General, des Suisses, des Gardes &
du Canon; & en celles-cy l'auant-

garde, la bataille, l'arrieregarde, les ailes, & les coureurs. On se rit de Gargantua, qui auoit vn jeu de Paume dãs l'vne de ses dents creuses. Elle aura des villes entieres, dans la paume de sa main, & sortiront de sa bouche, plus d'esclairs, & plus de foudres, que des mains de Iupiter. Sur le front de ceste merueille, ie nicheray le Soleil de la nuict, dans vne petite lanterne: & comme le flambeau que le Colosse de Rhodes portoit en sa main, seruoit de conduite aux Pilotes qui exposoient leur fortune aux vagues de ceste mer, ceste chandelle de deux liards, seruira aussi de Phare aux Secretaires du Cimetiere sainct Innocent, lors qu'ils hazarderont, ainsi que fit le defunt, l'esquif de leur petite capacité, dans la mer du haut style.

Et au bas de ce miracle, sera graué sur le marbre, en lettre d'or, & authentique, s'il en fut iamais chez les Notaires Royaux.

ÆTERNÆ MEMORIÆ BALZACI,

qui seculi
DECVS, GLORIA, DEVS, ET VLTRA.

Siste viator.

Miraris quòd moles hæc insana figuris,
Vnius obseßi nomina sola ferat.
Hîc sub hyperbolico Tumulo, qui tempora vincet,
Dormit in æternum Doctor hyperbolicus.

Ainsi dit Tyrene, & prenant congé de la compagnie, auec la

mesme froideur qu'il s'y estoit introduit, nous laissa la liberté de parler de l'Apologie pour Monsieur de Balzac, dans les termes que ie t'ay escrit. Voy de là, mon Periandre, le soin que i'ay de te plaire. Que si pour acheuer de te vaincre, comme tu dis, il faut que ie voye, à ma mode, les Lettres du mesme Autheur, souffre que ie gouste vn peu la douceur d'vne santé recouurée. Ie ne dy pas que dans le loisir que me donne vne fortune ennemie, ie ne me puisse aussitost resoudre à faire du mal, qu'à demeurer oysif. ADIEV.

FIN.

www.ingramcontent.com/pod-product-compliance
Lightning Source LLC
Chambersburg PA
CBHW070545230426
43665CB00014B/1817